G. W. F. Hegel zur Einführung

Herbert Schnädelbach

G.W.F. Hegel zur Einführung

JUNIUS

Meiner lieben Ursa
für ihre Geduld mit Hegel

Junius Verlag GmbH
Stresemannstraße 375
22761 Hamburg
info@junius-verlag.de
www.junius-verlag.de

Umschlaggestaltung: Florian Zietz
Titelfoto: Archiv Gerstenberg
Satz: Junius Verlag GmbH
Printed in the EU 2026
ISBN 978-3-88506-352-0
8., korrigierte Auflage 2026

Bibliografische Information der Deutschen Nationalbibliothek
Die Deutsche Nationalbibliothek verzeichnet diese Publikation in der
Deutschen Nationalbibliografie; detaillierte bibliografische Daten
sind im Internet über http://dnb.dnb.de abrufbar.

Inhalt

0. Einführung als Problem

Wir haben uns daran gewöhnt, von Philosophie im Plural zu sprechen und sie bestimmten Autoren zuzuordnen – also von der Philosophie Platons, der Philosophie Kants oder der Hegels –, und dem entsprechen dann auch die zahlreichen Einführungen in diese vielen Philosophien. Gegen einen Buchtitel »Einführung in die Philosophie Hegels« hätte Hegel selbst aber protestiert, und zwar mit dem (wohl gut erfundenen) Diktum, mit dem er auf die Bewunderung einer Berliner Dame der Gesellschaft reagiert haben soll: »Was in meinen Büchern von mir ist, ist falsch!«[1] Hegel lebte noch wie selbstverständlich in der traditionellen Vorstellung, die alle Philosophen vor ihm hegten, daß es nämlich nur eine Philosophie gibt, daß »die« Philosophie niemandem gehört und daß man höchstens einzelne Philosophen erwähnen kann, die am philosophischen Gebäude mitgebaut haben; sind ihre Beiträge aber darin eingegangen, haben sie ihre individuelle Herkunft hinter sich gelassen, und in diesem Sinn sagt Hegel: »Das Wesen der Philosophie ist [...] bodenlos für Eigentümlichkeiten.« (TWA[2] 2,19) Im »Eigentümlichen« der vielen Philosophien – d.h. in dem, was in ihnen Eigentum eines individuellen »großen« Denkers ist – gerade das Wesentliche zu sehen ist hingegen das Eigentümliche des 19. Jahrhunderts mit seiner historistischen Sicht auf die Kultur. »Historistisch« ist diese Sicht, weil sie die Dinge nur mehr historisch zu sehen vermag, in ihrer unwiederholbaren Individualität und Eigenwertigkeit, von der man nur noch berichten (griech. *historeîn* – forschen, berichten, erzählen) kann. Und was liegt dann näher, als die vermeintlich »eine« Philosophie in ihre vielgestaltigen Erscheinungen aufzulösen und sie den Individuen zuzuordnen, die ihre Autoren sind und darin jeweils ihre Sicht der Dinge präsentieren?

Das 19. Jahrhundert ist die Epoche der Weltanschauungen. Eine Weltanschauung ist so eine individuelle Sicht der Dinge: ein Blick aufs Ganze von einem bestimmten Standpunkt aus, der seinerseits eine bestimmte Perspektive festlegt; dies ergibt ein Weltbild, und das ist buchstäblich »Ansichtssache«, ja sie erfordert (wie bei einem Fernrohr) eine bestimmte »Einstellung«. Wer in dieser Situation mitreden will, muß eine Weltanschauung haben oder zumindest eine teilen, denn als Individuum wäre man schnell überfordert, wenn man nicht selbst ein »großer« Denker ist; also hält man sich an die Gruppen, Klassen oder Rassen, denen man sich jeweils zurechnet, und damit z.B. an die christliche, proletarische oder völkische Weltanschauung. In diesem Umfeld löst sich auch die Philosophie auf in eine historische Pluralität von »Weltanschauungen« oder »Lebensanschauungen großer Denker«[3]. Und wer selbst philosophiert, ist davon überzeugt, daß er als historisch Gebildeter sich irgendeinem dieser Angebote anschließen muß; es schlägt die Stunde der personengebundenen »...ianer« und »...isten« – d.h. der Kantianer, Hegelianer, Marxisten, Thomisten etc. –, die ihre Positionen bald auch mit dem Kennzeichen »Neu...« oder »Neo...« versehen, wenn sie ihre eigene Kreativität betonen wollen: Neukantianismus, Neuhegelianismus, Neuthomismus, Neomarxismus usf. Neue philosophische Entwürfe treten zu jener Zeit sofort als Weltanschauungen auf, d.h., sie bekennen sich von vornherein zur ihrer Perspektivität, wofür Schopenhauer, Nietzsche, aber auch Friedrich Engels als der eigentliche Erfinder des Dialektischen Materialismus Beispiele sind. Die zeitgenössische Philosophiegeschichtsschreibung gliedert rückwirkend das historische Denken in gleicher Weise, wobei die älteren Bezeichnungen »Platonismus«, »Aristotelismus«, »Epikureismus«, »Cartesianismus«, »Spinozismus«, die einmal Schulzusammenhänge meinten, welche untereinander im erbitterten Kampf um die eine Wahrheit lagen, nun umgedeutet werden zu prinzipiell gleich möglichen Weltanschauungen, die sich einem je nach Perspektive ergeben mögen. Dieser Perspektivismus greift auch auf die alten Kampfbezeichnungen »Idealismus«, »Realismus«, »Materialismus«, »Skeptizismus« etc. über. An die Stelle der Kontroverse, die man nicht mehr für sachlich entscheidbar hält, tritt eine Typologie der Weltanschauungen[4], die jeden Weltanschauungstypus in seiner Eigenart verstehen und ihm dann sein relatives Recht einräumen möchte. Erstaunlich ist, daß in diesem Klima das als problemlos erscheint, was für uns als Gefahr auf der Hand liegt: die relativistische Beliebigkeit. Statt dessen gilt die Vorstellung, es gebe nur eine Philosophie oder sonst gar keine, als unaufgeklärt, dogmatisch und veraltet.

Hinter den Historismus können wir nicht zurück, weil er selbst einen Aufklärungsfortschritt bedeutet, sofern wir – wie Max Horkheimer zu sagen pflegte – unter »Aufklärung« die Beseitigung einer Naivität verstehen. Es ist wahr: Es gibt sie nicht, »die« Philosophie; zumindest das historische Philosophieren tritt uns in einer Vielfalt von Methoden und Konfigurationen entgegen, der gegenüber die Beschwörung einer »ewigen« Philosophie (*philosophia perennis*) ohnmächtig bleibt. Daraus scheint zu folgen, daß es auch nur historische, d.h. berichtende Einführungen in eine historische Philosophie geben könne. Die meisten Einführungen in Hegel sind historisch in diesem Sinne, also berichtende Darstellungen seines Werkes, die den Leser nur mit dessen Inhalt bekannt machen wollen. Dies ist schwierig und dann auch verdienstvoll genug; was aber wäre eine philosophische Einführung in die Philosophie Hegels?

Hier kann man auf Kants Unterscheidung zwischen historischer und rationaler Erkenntnis verweisen:

»Wenn ich von allem Inhalte der Erkenntnis, objektiv betrachtet, abstrahiere, so ist alles Erkenntnis, subjektiv, entweder historisch oder rational. Die historische Erkenntnis ist *cognitio ex datis*, die rationale aber *cognitio ex principiis*. Eine Erkenntnis mag ursprünglich gegeben sein, woher sie wolle, so ist sie doch bei dem, der sie besitzt, historisch, wenn er nur in dem Grade und soviel erkennt, als ihm anderwärts gegeben worden, es mag dieses ihm nun durch unmittelbare Erfahrung oder Erzählung, oder auch Belehrung (allgemeiner Erkenntnisse) gegeben sein. Daher hat der, welcher ein System der Philosophie, z.B. das Wolffische, eigentlich gelernt hat, ob er gleich alle Grundsätze, Erklärungen und Beweise, zusamt der Einteilung des ganzen Lehrgebäudes, im Kopf hätte, und alles an den Fingern abzählen könnte, doch keine andere als vollständige historische Erkenntnis der Wolffischen Philosophie; er weiß und urteilt nur so viel, als ihm gegeben war. Streitet ihm eine Definition, so weiß er nicht, wo er eine andere hernehmen soll. Er bildete sich nach fremder Vernunft, aber das nachbildende Vermögen ist nicht das erzeugende, d.i. das Erkenntnis entsprang bei ihm nicht aus Vernunft, und, ob es gleich, objektiv, allerdings ein Vernunfterkenntnis war, so ist es doch, subjektiv, bloß historisch. Er hat gut gefaßt und behalten, d.i. gelernet, und ist ein Gipsabdruck von einem lebenden Menschen. Vernunfterkenntnisse, die es objektiv sind (d.i. anfangs nur aus der eigenen Vernunft des Menschen entspringen können), dürfen nur denn allein auch subjektiv diesen Namen führen, wenn sie aus allgemeinen Quellen der Vernunft, woraus auch die Kritik, ja selbst die Verwerfung des Gelerneten entspringen kann, d.i. aus Prinzipien geschöpft worden.«[5]

Für Kant ist klar: Philosophie verdient ihren Namen nur, wenn sie rational und nicht bloß historisch ist, d.h. nicht nur vernünftige Einsicht, sondern Einsicht »aus Vernunft«, und zwar aus der Vernunft geschöpft, die der Philosophierende selbst exemplifiziert. Kant spricht von »allgemeinen Quellen der Vernunft«, die er mit ahistorischen Prinzipien identifiziert; wir haben lernen müssen, daß auch unsere Vernunft durch und durch historisch ist, weil das, was wir als das Vernünftige in uns identifizieren können, sprachlichen und pragmatischen Bedingungen unterliegt, die sich in der kulturellen Evolution herausgebildet und gewandelt haben. Gleichwohl können wir dem historischen Relativismus eine revidierte Fassung der Kantischen Unterscheidung zwischen dem Historischen und dem Rationalen entgegenhalten – die zwischen der Perspektive des bloßen Beobachters und des Teilnehmers am philosophischen Diskurs. Der Beobachter berichtet nur: »Kant sagt ...«, »Hegel sagt ...«, »Nietzsche sagt ...«; er ist der Philosoph als historischer Geisteswissenschaftler, dem die Philosophiegeschichte die Philosophie ersetzt.[6] Der Teilnehmer am philosophischen Diskurs hingegen ist der, der sich einmischt, der etwas verteidigt oder bestreitet, der »ich« sagt: »Ich meine ...«, »ich sage ...«, »ich behaupte ...«. Nach der historistischen Aufklärung können wir diese Perspektive der 1. Person nicht mehr mit der der Kantischen *cognitio ex principiis* einfach identifizieren, weil die »allgemeinen Quellen der Vernunft« nicht mehr fließen, jedenfalls nicht als Quellen einer »reinen«, von Empirie, Sprache und Geschichte unberührten Vernunft. Wir müssen hinzusetzen, daß die Perspektive der 1. Person Singular eine bloße Fiktion ist, wenn wir sie, wie Descartes es versucht hat, als die eines isolierten Ich vom Du, dem Wir und der Welt ganz unabhängig machen wollen. Aber festzuhalten ist: Das Philosophische einer Beschäftigung mit historischem Denken verschwindet dann vollständig im bloß noch Historischen, wenn das »Ich«-Sagen dabei ganz unterbleibt – womöglich im Zeichen geisteswissenschaftlicher »Objektivität«.

Die Alternative zum Historischen in der Philosophie ist somit nicht mehr das rein Rationale – das Philosophieren aus

»reiner« Vernunft –, sondern das Dialogische. Der Dialog findet nicht statt, wenn jemand immer nur »ich« oder »wir« sagt; das ist bloße Selbstdarstellung oder Propaganda. Doch ohne »Ich«-Sagen gibt es auch keinen Dialog, denn wie soll man mit jemandem reden, der dauernd nur über etwas redet, ohne anzuzeigen, was er selbst dazu meint? Noch schlimmer ist es, wenn solche Redner über etwas reden – z.B. über mich – aber nicht zu mir, d.h. ohne mich mit »Du« oder »Sie« anzusprechen. Daraus folgt: Eine Einführung in eine historische Philosophie muß auch historisch sein, sie muß mithin ihre Grundzüge berichtend und getreu den Tatsachen darstellen; sie wird aber in dem Maße zugleich philosophisch werden, in dem es ihr gelingt, den Leser von ihr angesprochen sein zu lassen und ihren Geltungsanspruch an unser gegenwärtiges Philosophieren deutlich zu machen. Historische Philosophien sind nicht bloße Kuriositäten, die man archivieren, beschreiben und irgendwie »einordnen« kann; ihrem eigenen Sinn nach sind sie Stimmen in dem vielstimmigen Diskurs, den wir »Philosophie« nennen; sie wollen von uns gehört werden und fordern uns zur Stellungnahme heraus. Allein im dialogischen Umgang mit historischem Denken läßt sich die Verbindung des Philosophischen mit dem Historischen erreichen, die nach dem Historismus ohne Alternative ist.

Bei einem Koloß wie Hegel mag das Gesagte großsprecherisch klingen: Wer ist schon Manns genug, mit ihm in eine Beziehung von »ich« und »Du« (oder »Sie«) zu treten? Und gerade dann, wenn es sich erst um eine Einführung handelt? Daß vielerorts und seit langem die Ehrfurcht vor den »Großen«, die »Klassikerverehrung«, das eigene Philosophieren erstickt hat, wäre niemals im Sinne Hegels gewesen, der seine Hörer und Leser immer wieder zum »Mut der Wahrheit« und zum Beharren auf der eigenen Einsicht ermunterte.[7] Natürlich muß man viel lernen und gedanklich verarbeiten, ehe man sich ein begründetes Urteil über Hegel zutrauen kann, aber diese Einführung will genau dies: auf der Grundlage zuverlässiger Informationen und nachvollziehbarer Argumente beim Leser ein begründetes Urteil über Hegels Philosophie vorbereiten. Dabei werde ich mit meinem eigenen Urteil nicht hinterm Berge halten, ja ich werde vertreten, daß Hegel eine Philosophie präsentiert, die wir nicht vertreten können; doch was könnte Besseres geschehen als eine begründete Revision dieses Urteils durch die Leser?

Dieser paradox anmutende Versuch einer philosophischen Einführung in eine Philosophie, die man nicht vertreten kann, ist natürlich nicht möglich im Durchgang durch ein Riesenwerk, und dann noch mit dem Anspruch, auch nur den wichtigsten der darin vorgebrachten Einsichten und Argumente gerecht zu werden. Darum konzentriere ich mich auf ein Leitmotiv, das Hegels Philosophie durchzieht, deren Ausbildung von allem Anfang an bestimmte und sich zu dem entwickelte, was ich die spekulative Grundfigur des Hegelschen Denkens nennen möchte; diese Grundfigur definiert auch die argumentative Grundstruktur dessen, was bei Hegel die berühmt-berüchtigte Dialektik ausmacht. Die spekulative Grundfigur strukturiert aber nicht nur Hegels Argumentationen im einzelnen, sondern auch sein System als Ganzes, d.h., Hegels gesamte Philosophie läßt sich von jenem Leitmotiv her aufschließen. Es soll deutlich werden, daß die Dialektik Hegels, wenn man sie von jener spekulativen Grundfigur her versteht, weder Nonsens noch Obskurantismus ist, wie immer wieder behauptet wurde[8], sondern die Dokumentation einer gewaltigen, ganz rationalen, wenn auch im Ergebnis gescheiterten gedanklichen Anstrengung. Die Gründe dieses Scheiterns müssen benannt werden. Wenn das alles gelingt, wird vielleicht deutlich, daß wir von Hegel zwar im einzelnen sehr viel lernen können, im ganzen aber, wie es in der Philosophie nicht geht.

1. Die spekulative Grundfigur

Es handelt sich dabei in Wahrheit um einen einfachen und auf den ersten Blick einleuchtenden Gedanken. Gehen wir mit der philosophischen Tradition davon aus, in der Philosophie gehe es um das denkende Erkennen des Ganzen der Welt, der Totalität der Wirklichkeit oder des Absoluten, wie es in der Sprache des deutschen Idealismus heißt, und lassen wir die mit diesen Ausdrücken angezeigten Differenzen zunächst auf sich beruhen, so stellt sich die Frage, wie dieses Ganze zu denken sei. Wir sind daran gewöhnt, das Ganze von den Teilen zu unterscheiden, und dies ist auch richtig so. Wir sagen: »Das Ganze ist mehr als die Summe seiner Teile«, allerdings ist schon bei arithmetischen Beispielen die Summe mehr als die Teile, d.h., eine Zahlenkolonne muß nicht nur aufgeschrieben, sondern auch noch zusammengezählt werden, um eine Summe zu bilden; die Zahlen addieren sich nicht selbst. Daß das Ganze mehr ist als eine Summe, gilt vornehmlich für strukturierte Körper wie Kristalle, für Organismen, aber auch für soziale Gebilde; die bloße Aufzählung und Addition der darin enthaltenen Atome, Organe oder Personen stellt noch nicht vor Augen, wie sich diese einzelnen Teile in ihrem jeweiligen Zusammenhang zueinander verhalten. Daß das Ganze mehr sei als die Summe seiner Teile, wird erst dann problematisch, wenn man annimmt, dieses Ganze existiere als eine unabhängige Entität neben oder sogar vor den Teilen: als ewiges Naturgesetz, als Lebenskraft, Seele oder »das deutsche Volk«; von hier zu »Du bist nichts, dein Volk ist alles« ist es dann nur noch ein Schritt.

Daß es keinen Sinn macht, das Ganze so von den Teilen zu unterscheiden, daß man es ihnen bloß gegenüberstellt, ist die Grundintuition des Hegelschen Denkens. Die Metaphysik hatte seit ihren Anfängen angesichts der unüberschaubaren Vielfalt der Welt nach der Einheit, dem Allgemeinen, dem Wesen oder Grund aller Dinge gefragt und dabei notwendig von dem Vielen, dem Besonderen, der bloßen Erscheinung oder dem abhängig Existierenden abgesehen; dieses Eine wurde fixiert als *arché*, *lógos*, Idee, Wesenheit, Gott, aber auch als Materie, Natur oder Substanz. Hegels Grundgedanke ist: Wenn man im Ganzen das Ganze von seinen Teilen so unterscheidet, daß man es als eine gesonderte Entität neben den Teilen anordnet, dann ist das so fixierte Ganze selbst nur ein Teil des Ganzen neben den anderen Teilen; also muß das wahre Ganze als die Einheit des von den Teilen auch zu unterscheidenden Ganzen und der Teile gedacht werden. Ebenso beim Einen und beim Allgemeinen: Das Eine, das dem Vielen, ein Allgemeines, das dem Besonderen nur gegenübersteht, ist selbst nur Eines unter Vielem bzw. selbst nur ein Besonderes; also muß das wahre Eine als Einheit in der Vielheit und damit als Einheit von Einheit und Vielheit gedacht werden, und dementsprechend ist das wahre Allgemeine als Einheit seiner selbst und des Besonderen zu denken. Diese Gedankenfigur ist Hegel zufolge auch auf das Verhältnis von Wesen und Erscheinung, Grund und Begründetem, Substanz und Akzidens wie auf alle grundlegenden Unterscheidungen der metaphysischen Tradition anzuwenden, was uns Hegel in seiner großangelegten *Wissenschaft der Logik (WL)* vorführt, die in diesem Sinne als eine durchgreifende Metaphysikkritik[9] zu lesen ist.

Der zentrale Kritikpunkt ist dabei der der Abstraktheit. Nicht nur die Metaphysiker, sondern auch wir in unserem alltäglichen Denken neigen dazu, die richtige und notwendige Unterscheidung von Einem und Vielem, Allgemeinem und Besonderem so mißzuverstehen, daß wir daraus ein reales Getrenntsein des Einen vom Vielen, des Allgemeinen vom Besonderen machen. Gerade in der philosophischen Lehre wird einem oft, wenn man eine Unterscheidung eingeführt hat, entgegengehalten: »Ja, aber das kann man doch nicht trennen!« Offenbar macht im Denken die Unterscheidung zwischen »Unterscheiden« und »Trennen« Schwierigkeiten, während man wohl nicht in allen Fällen, in denen man den Kopf seines Gegenübers von dessen Rumpf unterscheidet, sofort zur Trennung überzugehen bereit ist. Hegel nennt das Allgemeine, das von dem Besonderen, dessen Allgemeines es ist, nicht nur unterschieden, sondern als Abgetrenntes fixiert und nur noch in dieser Abtrennung betrachtet wird, das »abstrakte« Allgemeine, wobei er sich genau an den buchstäblichen Wortsinn hält (lat. *abstraho* – wegziehen, -reißen, -schleppen); das abstrakte Allgemeine ist das vom wahren Allgemeinen »abgezogene« Allgemeine, und das wahre Allgemeine als Einheit des (abstrakten) Allgemeinen und Besonderen ist demgegenüber »konkret« (lat. *concresco*, -evi, -etus – zusammenwachsen, sich verdichten, entstehen).[10] Umgekehrt wäre es nach Hegel ebenso abstrakt, wollte man das Allgemeine selbst nur als ein Besonderes unter Besonderem ansehen und damit die Unterscheidung zwischen Allgemeinem und Besonderem einebnen; also denkt nur der konkret, der imstande ist, das Allgemeine als Einheit seiner selbst und des Besonderen zu denken.

Genau dies jedoch macht logische Schwierigkeiten, die sich am besten anhand der Formel demonstrieren lassen, die Hegel schon in seiner ersten Veröffentlichung, *Differenz des Fichteschen und Schellingschen Systems der Philosophie* (1801) (allgemein *Differenzschrift* genannt, zit. als *DS*), für seine spekulative Grundfigur gefunden hatte: »Identität der Identität und Nichtidentität« (2, 96). Ganz gleichgültig, wie man das wahre Ganze, die Totalität, das Absolute denkt – als das Eine, das Allgemeine, das Wesen: nach Hegel denkt man es nur dann »konkret«, wenn man es als etwas denkt, das es selbst ist und zugleich sein Gegenteil, das also mit dem, was es nicht ist, identisch ist. Im »konkreten« Einen ist nach Hegel das Eine vom Vielen zu unterscheiden, also nicht identisch mit dem Vielen; als abstrakt Eines ist es selbst bloß eines unter dem Vielen, also identisch mit dem Vielen; beides muß man in einem Gedanken vereinigen – in dem des einen konkreten Einen, in dessen Identität Einheit und Vielheit zugleich identisch und nichtidentisch sind. Es wird uns also zugemutet, etwas zu denken, was zugleich es selbst ist und nicht es selbst ist: Eines und Nichteines, Allgemeines und Nichtallgemeines, Wesen und Wesenloses etc. Hegel wußte, daß dies eine Zumutung ist, aber er behauptete, daß es ohne sie keine Möglichkeit gibt, das wahre Ganze, d.h. das Absolute zu denken; als Alternative bliebe nur die Resignation.

2. Zum Begriff der Spekulation

Was ist an Hegels Grundfigur »spekulativ«? Spekulation findet heute nur noch am Grundstücksmarkt oder an der Börse statt, und doch meinte dieses Wort einmal die höchste dem Menschen mögliche Erkenntnisweise. Der buchstäbliche Wortsinn von »Spekulation« (lat. *speculor* – erspähen, auskundschaften) wird in der Philosophensprache der platonisch-augustinischen Tradition auf das »Auge des Geistes« bezogen, mit dem wir angeblich befähigt sind, jenseits der Welt der sinnlichen Erfahrung das wahre Seiende, die Ideen oder Gott zu erfassen. Zu Hegels Zeit wird das Wort »Spekulation« fast durchgängig kritisch verwendet, woran Kants vernichtende Kritik der spekulativen Metaphysik einen wichtigen Anteil hat; daß sich Hegel gemeinsam mit Schelling zu einem positiven Begriff der Spekulation bekennt, unterstreicht sein Programm, nach Kant die Metaphysik zu rehabilitieren und sie den Menschen zurückzugeben.[11] Daß der gesunde Menschenverstand die Spekulation ablehnt, ja sogar fürchtet und haßt, hat für Hegel nichts Erstaunliches, und er gibt in der *DS* sogar eine Erklärung: »Die Spekulation versteht [...] den gesunden Menschenverstand wohl, aber der gesunde Menschenverstand nicht das Tun der Spekulation. Die Spekulation anerkennt als Realität der Erkenntnis nur das Sein der Erkenntnis in der Totalität; alles Bestimmte hat für sie nur Realität und Wahrheit in der erkannten Beziehung aufs Absolute. Sie erkennt deswegen auch das Absolute in demjenigen, was den Aussprüchen des gesunden Menschenverstandes zum Grunde liegt; aber weil für sie die Erkenntnis nur, insofern sie im Absoluten ist, Realität hat, ist vor ihr das Erkannte und Gewußte, wie es für die Reflexion ausgesprochen ist und dadurch eine bestimmte Form hat, zugleich vernichtet.« (2, 31) Dieses »Vernichten« erfährt der gesunde Menschenverstand als die Aufhebung all dessen, was er in seinen Reflexionen – d.h. in seinen Bestimmungen mittels abstrakter Begriffe – fixiert hat, weil es durch den spekulativen Bezug aufs Absolute seine fixe Bestimmtheit verliert: »Die relativen Identitäten des gesunden Menschenverstands, die ganz, wie sie erscheinen, in ihrer beschränkten Form auf Absolutheit Anspruch machen, werden Zufälligkeiten für die philosophische Reflexion. Der gesunde Menschenverstand kann es nicht fassen, wie das für ihn unmittelbar Gewisse für die Philosophie zugleich ein Nichts ist [...].« (2, 31 f.) Hegel hat dafür später die schöne Metapher der »Verflüssigung« verwendet; in der Tat sind Widerstand und panische Angst zu erwarten, wenn alles in Fluß gerät. »Spekulation« muß der »Reflexionsphilosophie«, wie Schelling und Hegel die Position ihrer Gegnerschaft bezeichnen (vgl. 2, 287 ff.), notwendig als Vernichtung der Vernunft selbst erscheinen, und gleichwohl nennt Hegel »diese Nacht der bloßen Reflexion und des räsonierenden Verstandes« den »Mittag des Lebens« (2, 35).

Daß die Spekulation die bloße Reflexion vernichtet, ist hier nicht nur psychologisch zu verstehen; der Anschein der blanken Irrationalität hat logische Gründe. Hegel versucht schon in der *DS* zu zeigen, daß das Ganze, die Totalität, das Absolute, wenn es wirklich konkret, d.h. in seiner ganzen Wahrheit gedacht werden soll – und nichts anderes ist mit »Spekulation« gemeint – gar nicht anders als in sich widersprüchlich gedacht werden kann: als Antinomie. Er demonstriert dies wie folgt: »Soll das Prinzip der Philosophie in formalen Sätzen für die Reflexion ausgesprochen werden, so ist zunächst als Gegenstand dieser

Aufgabe nichts vorhanden als das Wissen, im allgemeinen die Synthese des Subjektiven und Objektiven, oder das absolute Denken. Die Reflexion aber vermag nicht die absolute Synthese in einem Satz auszudrücken, wenn nämlich dieser Satz als ein eigentlicher Satz für den Verstand gelten soll; sie muß, was in der absoluten Identität eins ist, trennen und die Synthese und die Antithese getrennt, in zwei Sätzen, in einem die Identität, im andern die Entzweiung ausdrücken.« (2, 37) Der reflektierende oder »räsonierende« Verstand muß nach Hegel in der formalen Beschreibung des Wissens als »Synthese des Subjektiven und Objektiven« zugleich die Identität (A = A) und die Nichtidentität (A = B) von beidem behaupten; damit aber hat er sich in eine Antinomie verstrickt. Als Ausweg kann er dann nur noch entweder die Nichtidentität und damit das Phänomen des Wissens leugnen oder darauf verzichten, das wahre Ganze des Wissens zu denken. So behauptet Hegel: »Wenn man bloß auf das Formelle der Spekulation reflektiert und die Synthese des Wissens in analytischer Form festhält, so ist die Antinomie [...] der höchste formelle Ausdruck des Wissens und der Wahrheit.« (2, 39)

Später heißt es: »Einem solchen analytischen Wesen liegt das Bewußtsein nicht zum Grunde, daß die rein formale Erscheinung des Absoluten der Widerspruch ist.« (2, 41) Die Spekulation ist somit bestimmt als ein Denken des Absoluten, das der damit notwendig verbundenen Erfahrung der Antinomie standhält und sich vor ihr nicht in die vermeintlichen Sicherheiten des reflektierenden Verstandes flüchtet. Das Vermögen der Spekulation in diesem Sinne nennen Schelling und Hegel gemeinsam »Vernunft« im Unterschied zum bloßen Verstand, und weil der den Widerspruch als irrational aus sich ausschließen muß, kann ihm die spekulative Vernunft gar nicht anders denn als reine Irrationalität erscheinen. Für die Spekulation in diesem

Sinne haben Schelling und Hegel später den alten Begriff der Dialektik neu geprägt, und dies mit sehr verschiedener Akzentuierung.[12] Wichtig ist hier nur: Wenn man immer wieder von der Irrationalität der Hegelschen Dialektik gesprochen hat – sei es kritisch oder sogar anerkennend[13] –, so wäre dies für Hegel selbst nichts Neues gewesen, weil er diese Deutung selbst schon kannte und sogar eine Erklärung dafür besaß.

Hegels und Schellings Wege sollten sich freilich an der Stelle philosophisch und auch persönlich trennen, wo es darum ging, die in der Perspektive des »abstrakten« Verstandes irrationale Spekulation nun selber rational zu bestimmen. In der *DS* vertrat Hegel noch die Lehre Schellings von der intellektuellen Anschauung; dabei argumentierte er wie folgt: In der Perspektive des Verstandes muß das Absolute, d.h. die absolute Identität des Subjektiven und Objektiven, in Gestalt von Antinomien erscheinen; die Vernunft hingegen als das Vermögen der Spekulation erfaßt in dieser »Nacht des Verstandes« zugleich die Identität des in der Antinomie Entgegengesetzten, und zwar als nichtempirische, intellektuelle oder transzendentale Anschauung: »Dadurch, daß die Anschauung transzendental wird, tritt die Identität des Subjektiven und Objektiven, welche in der empirischen Anschauung getrennt sind, ins Bewußtsein [...]. Das Produzieren des Bewußtseins dieser Identität ist die Spekulation, und weil Idealität und Realität in ihr eins sind, ist sie Anschauung.« (2,42f.)

Wenige Jahre später, in der *Phänomenologie des Geistes (PhG)* von 1807, geißelt Hegel die intellektuelle Anschauung als philosophischen Obskurantismus und kränkt damit seinen langjährigen Freund und Weggenossen zutiefst. Hat Hegel in der *DS* selbst geschrieben: »In der transzendentalen Anschauung ist alle Entgegensetzung aufgehoben, aller Unterschied der Konstruktion des Universums durch und für die Intelligenz und seiner als ein Objektives angeschauten, unabhängig erscheinenden Organisation vernichtet« (2, 43), so nennt er in der nachgeschriebenen Vorrede zur *PhG* das Resultat dieser »Vernichtung«, das er in der *DS* selbst als »Nacht der bloßen Reflexion und des räsonierenden Verstandes« (2, 35) bezeichnet hat, nunmehr ganz verächtlich die »Nacht, in der alle Kühe schwarz sind« (3, 22). Wichtig ist, daß sich Hegel mit seiner neuen Fassung des Spekulationsbegriffs ganz von der platonischen Prägung durch die Metaphorik des Gesichtssinnes abwendet und die Idee des spekulativen Denkens von allen Assoziationen des »geistigen Auges«, des Schauens und Erblickens reinigt. Man kann sagen, daß Hegel hier von Schelling zu Kant zurückkehrt, der energisch bestritten hatte, unser Denken könnte in irgendeinem Sinne anschauend sein[14]; auch der damit verbundenen Polemik gegen den neumodischen, vornehm tuenden Platonismus derer, die sich die Genialität geistiger Intuition ohne begriffliche Arbeit zugute halten, hat sich Hegel später wieder ausdrücklich angeschlossen.[15] Hegel bemühte sich seitdem, die philosophische Spekulation als ein durch und durch rationales Geschäft darzustellen und die spekulative Grundfigur als eine des Denkens und nicht einer irgendwie gearteten Anschauung zu erweisen; die *WL* ist nichts anderes als Hegels Durchführung dieses Vorhabens.

Das erste Dokument dieser »Logifizierung« der Spekulation ist der Text über den »spekulativen Satz« in der genannten Vorrede zur *PhG*. (Vgl. 3, 59 ff.) Hegel vertritt hier wie in der *DS* die These, daß die Spekulation die Logik des Verstandes sprengt. Doch die Konsequenz ist nicht mehr das Ausweichen in die intellektuelle Anschauung, sondern der Versuch, das, wodurch die Spekulation über die Logik des Verstandes hinausgeht, selbst noch logisch zu fassen, und genau dies geschieht im spekulativen Satz. »Formell kann das Gesagte so ausgedrückt werden, daß die Natur des Urteils oder Satzes überhaupt, die den Unterschied des Subjekts und des Prädikats in sich schließt, durch den spekulativen Satz zerstört wird und der identische Satz, zu dem der erstere wird, den Gegenstoß zu jenem Verhältnisse enthält.« (3, 59) Hegel gibt ein Beispiel: »Gott ist das Sein«. Es sieht so aus, als werde »ist das Sein« von Gott prädiziert, so daß Gott und das Sein als verschieden erscheinen, nämlich als ein Besonderes, dem eine allgemeine Eigenschaft zugesprochen wird. So aber ist dieser Satz nicht gemeint, denn in Wahrheit wird darin Gott mit dem Sein identifiziert; damit allerdings entsteht der Eindruck, man könne nun überall den Ausdruck »Gott« durch den Ausdruck »Sein« ersetzen, und das Subjekt des Satzes droht verlorenzugehen, wie Hegel sich ausdrückt. Die Folge ist der »Gegenstoß«: »Das Denken, statt im Übergange vom Subjekt zum Prädikate weiterzukommen, fühlt sich, da das Subjekt verlorengeht, vielmehr gehemmt und zu dem Gedanken des Subjekts [d.h. Gottes], weil es dasselbe vermißt, zurückgeworfen«, d.h., es kommt notwendig auf die Ausgangsbestimmung zurück, um die es ja ursprünglich ging. Dieses »Zurückkommen« bedeutet, daß in der Identität des mit dem grammatischen Subjekt- und Prädikatausdruck Gemeinten auch die Nichtidentität festgehalten werden muß, denn sonst ist der Satz »Gott ist das Sein« kein Satz über Gott. Wichtig ist nun, daß Hegel betont, daß dieses »Zurückkommen« weitere Sätze erfordert: »Daß die Form des Satzes aufgehoben wird, muß nicht nur auf unmittelbare Weise geschehen, nicht durch den bloßen Inhalt des Satzes. Sondern diese entgegengesetzte Bewegung muß ausgesprochen werden, sie muß nicht nur jene innerliche Hemmung, sondern dies Zurückgehen des Begriffs in sich muß dargestellt sein. Diese Bewegung, welche das ausmacht, was sonst der Beweis leisten sollte, ist die dialektische Bewegung des Satzes selbst. Sie allein ist das wirklich Spekulative, und nur das Aussprechen derselben ist spekulative Darstellung.« (3, 61)

Es kann hier nicht darum gehen, Hegels Lehre vom spekulativen Satz abschließend einzuschätzen[16]; wenige Hinweise müssen genügen. Mit der »dialektischen Bewegung des Satzes selbst« variiert Hegel die bekannteren Wendungen von der »Bewegung des Begriffs« oder »der Sache« selbst. Dieser Ausdruck verliert alles Magische oder Animistische, wenn man ihn streng auf Hegels These bezieht, daß man das Absolute nicht in einem singulären Satz aussprechen kann, sondern nur in einer Folge von Sätzen, die sich zwingend auseinander ergeben. Dialektisch ist diese Bewegung, weil in ihr Übergänge ins Gegenteil und Widersprüche zwischen dem Gemeinten und dem Gesagten eine Rolle spielen. Ferner ist zu beachten, daß sich nach Hegel diese »dialektische Bewegung« nur dann einstellt, wenn in Sätzen spekulativ, d.h. vom Absoluten geredet wird: »In der Tat hat auch das nicht spekulative Denken sein Recht, das gültig, aber in der Weise des spekulativen Satzes nicht beachtet ist.« (3, 61) Schließlich hat man Hegel vorgeworfen, seine Urteilslehre sei falsch, weil er nicht zwischen prädikativen und identifizierenden Sätzen unterscheide; dazu ist zu sagen, daß seine Lehre vom spekulativen Satz gerade auf der Unterscheidung beider Urteils- oder Satzarten beruht[17] und es völlig richtig ist, daß dann, wenn man vom Absoluten etwas aussagen will, was es in seinem Wesen trifft, das prädikative Ist-Sagen in das identifizierende übergeht, denn was sollte noch allgemeiner oder wesenshöher sein als das Absolute. Im übrigen ist Hegels Lehre vom spekulativen Satz die Anschlußstelle für seine *WL*, von der man sagen kann, daß sie aus lauter spekulativen Sätzen besteht; in diesem Werk erfolgt dann auch eine erhebliche Präzisierung und Exemplifikation dessen, was es heißt, in Sätzen spekulativ zu denken.

Eine wesentliche Erläuterung dessen, was Hegel im Zusammenhang des spekulativen Satzes den »Gegenstoß« nennt, finden wir in seiner Lehre von der bestimmten Negation, von der von vornherein festzuhalten ist, daß auch sie nur auf dem spekulativen Niveau plausibel ist. Ihr Grundgedanke ist, daß wenn etwas die Negation von etwas Anderem ist, es selbst durch das bestimmt wird, was es negiert, denn als Negation des Anderen ist es selbst Negation des Anderen. Daraus ergibt sich bei Hegel der berühmte Mehrfachsinn von »Aufheben«: In der Negation des Anderen wird das Negierte zugleich aufgehoben i.S. von »vernichtet« und »bewahrt«, und eine dritte Bedeutung kommt hinzu, wenn man Hegels These hinzufügt, daß durch die bestimmte Negation das Negierte und das Negierende zu einer höheren, konkreten, genauer bestimmten Einheit hinaufgehoben werden. Bei alltäglichen Beispielen macht das alles freilich wenig Sinn: Wie könnte man behaupten, der Mörder von J.F. Kennedy sei als dessen Negation nun selber auch irgendwie Kennedy, und Kennedy und sein Mörder lebten nun in einer höheren, konkreteren Gestalt weiter. Bei spekulativen Sätzen, die die Totalität betreffen, ist das aber ganz anders; hier ist die Negation eine Teilbestimmung der Antinomie oder des Widerspruchs, der sich nach Hegel notwendig ergibt, wenn der Verstand versucht, die Totalität zu denken. Erst hier gilt, »daß das Negative ebensosehr positiv ist oder daß das sich Widersprechende sich nicht in Null, in das abstrakte Nichts auflöst, sondern wesentlich nur in die Negation seines besonderen Inhalts, oder daß eine solche Negation nicht alle Negation, sondern die Negation der bestimmten Sache, die sich auflöst, somit bestimmte Negation ist; daß also im Resultate wesentlich das enthalten ist, woraus es resultiert« (5, 49). Denken wir somit das Absolute als das Eine, so denken wir es nach Hegel nur dann konkret, wenn wir es als Einheit des Einen und des Nicht-Einen, d.h. des Vielen denken, also widersprüchlich; das Viele ist jedoch nicht einfach die Aufhebung des Einen, sondern es ist als die bestimmte Negation der Einheit des Einen zugleich die

Vielheit dieser Einheit oder die Vielheit in dieser Einheit, wodurch sich das Eine als die Einheit seiner Vielheit weiter bestimmt hat.

Die bestimmte Negation ist der eigentliche Motor der philosophischen Methode, wie Hegel sie bestimmt: als »das Bewußtsein über die Form der inneren Selbstbewegung ihres Inhalts« (5, 49). Die Methode ist nach Hegel somit nichts, was wir veranstalten bzw. befolgen oder nicht befolgen können; sie ist der Weg (griech. *méthodos* – der Weg) des Denkens, der sich uns von selbst ergibt und dem wir nur zu folgen brauchen, wenn wir philosophieren. Diese Methode nennt Hegel in der *Enzyklopädie der philosophischen Wissenschaften (EPW)* auch »das Logische« und schreibt ihm »drei Seiten« zu: »α) die abstrakte oder verständige, β) die dialektische oder negativ-vernünftige, γ) die spekulative oder positiv-vernünftige« (8, 168). Diese Bestimmungen erläutert er wie folgt: »α) Das Denken als Verstand bleibt bei der festen Bestimmtheit und der Unterschiedenheit derselben gegen andere stehen; ein solches beschränktes Abstraktes gilt ihm als für sich bestehend und seiend [...]. β) Das dialektische Moment ist das eigene Sichaufheben solcher endlichen Bestimmungen und ihr Übergehen in ihre entgegengesetzten [...]. γ) Das Spekulative oder Positiv-Vernünftige faßt die Einheit der Bestimmungen in ihrer Entgegensetzung auf, das Affirmative, das in ihrer Auflösung und ihrem Übergehen enthalten ist.« (8, 168 ff.) Der Übergang von α) zu β) ist das Auftreten der Antinomie durch den Versuch, das Absolute in Verstandesbestimmungen zu denken, der Übergang von β) zu γ) ist die bestimmte Negation. Alle drei »Seiten« zusammengenommen bilden das, was man allgemein die »Dialektik« Hegels nennt, aber besser als seine spekulative Methode bezeichnen sollte, denn die Dialektik im engeren Sinne macht nur ein »Moment«, d.h. eine das spekulative Denken fortbewegende Kraft (lat. *mo-*

mentum – bewegende Kraft, Gewicht) aus, wenn auch das entscheidende: »Das Dialektische macht [...] die bewegende Seele des wissenschaftlichen Fortgehens aus und ist das Prinzip, wodurch aller immanenter Zusammenhang und Notwendigkeit in den Inhalt der Wissenschaft kommt, so wie in ihm überhaupt die wahrhafte, nicht äußerliche Erhebung über das Endliche liegt.« (8, 173) Mit der letzten Formulierung unterstreicht Hegel, daß sich die Dialektik nur dann einstellt, wenn sich das Denken auf das spekulative Niveau erhebt, also das Absolute zu denken versucht; dies sollte man stets denen entgegenhalten, die wie Popper oder Kroner vor ihnen immer noch behaupten, Hegel sei Irrationalist, weil seine Dialektik dazu auffordere, gegen das Prinzip der Widerspruchsfreiheit zu verstoßen. Hegel selbst vertritt im Gegenteil die These, daß nur unter der Bedingung, daß man versucht, das Absolute widerspruchsfrei zu denken, sich die Antinomie, der Widerspruch, die Dialektik einstellen, und diese These ist nicht einfach Unsinn.

3. Zur Herkunft der spekulativen Grundfigur

Kant

Daß sich die Vernunft unter bestimmten Bedingungen notwendig in Antinomien verwickelt, kann als eine der großen Entdeckungen Kants gelten, und dies ist auch von Hegel stets anerkannt worden. Unter einer Antinomie versteht Kant den »Zustand der Vernunft«[18], in dem sie für einen Satz und sein kontradiktorisches Gegenteil gleich starke Gründe vorbringen kann, und zwar so, daß sie genötigt ist, von der Unmöglichkeit des einen Satzes auf sein Gegenteil zu schließen, das sich wiederum als unmöglich erweist, so daß doch der erste Satz richtig sein muß, und so fort – immer hin und her. Gefunden hat Kant diese Antinomien im Bereich der rationalen, d.h. erfahrungsunabhängigen Kosmologie, die mindestens seit Christian Wolff als *Metaphysica specialis* galt. In ihr wurde z.B. die Frage diskutiert, ob die Welt in Raum und Zeit endlich oder unendlich sei. Hier erkannte Kant[19], daß es gute Gründe dafür gibt, daß die Welt endlich ist, weil – um bei der Zeit zu bleiben – unter der Voraussetzung, daß die Welt keinen Anfang in der Zeit hat, in jedem Zeitpunkt immer schon eine unendliche Zeit abgelaufen wäre; $\infty + 1$ ist aber wieder ∞; man könnte dann keinen Zeitpunkt t_1 von anderen Zeitpunkten $t_{2\text{-}n}$ unterscheiden. Wenn man aber deswegen nunmehr der Welt einen Anfang in der Zeit zuspricht, stellt sich die Frage: Was war vor dem Anfang der Welt? Gar keine Zeit? Was undenkbar ist, weil man dann nicht von »vor dem Anfang« reden könnte. Oder eine leere Zeit? Hier argumentiert Kant, daß nicht zu sehen ist, wie in einer leeren Zeit eine Welt anfangen könne zu bestehen, woraus folge, daß die Welt »in Ansehung der vergangenen Zeit unendlich«[20] sei. Genau dies aber bringt uns zur ersten Annahme zurück usf. Kant hat insgesamt vier solcher kosmologischen Antinomien aufgedeckt und analysiert.[21]

Es kann an dieser Stelle nicht darum gehen zu entscheiden, ob diese Antinomien wirklich denknotwendig sind, zumal sich unser kosmologisches Denken seitdem wesentlich veränderte. Wichtig sind hier nur die Diagnose und die Therapie, die Kant vorschlägt: Er behauptet, daß sich die Antinomie notwendig einstellt, wenn man versucht, ein Bedingtes in der Welt als vollständig bedingt zu denken, etwa im Sinne des Leibnizschen Prinzips des zureichenden Grundes. Zu diesem Versuch sind wir durch unsere Vernunft selbst genötigt, die Kant zufolge im Unterschied zum bloßen Verstand stets versucht, das Ganze, die Totalität zu denken: »Die Vernunft fordert dieses nach dem Grundsatze: wenn das Bedingte gegeben ist, so ist auch die ganze Summe der Bedingungen, mithin das schlechthin Unbedingte gegeben, wodurch jenes allein möglich war.«[22] Denke ich nun das Bedingte als vollständig bedingt, dann denke ich zugleich die Totalität der Reihe der Bedingungen eines Bedingten, und dann stellt sich die Frage, was diese Reihe abschließt, damit überhaupt von »der« Totalität der Reihe die Rede sein kann. Dies kann auf den ersten Blick nur ein selbst nicht bedingtes erstes Bedingendes, d.h. ein Unbedingtes sein, aber dieser Gedanke verstößt gegen das vorausgesetzte Prinzip des vollständigen Bedingtseins, das keine Ausnahme duldet. Also muß man jene Reihe der Bedingungen des Bedingten als unendlich ansetzen, was jedoch unvereinbar ist mit der Rede von der Totalität der Reihe, zu der uns der Gedanke der Vollständigkeit nötigt.

Kants These ist somit, daß der Gedanke der selber unbedingten Totalität der Bedingungen eines Bedingten notwendig in Antinomien führt, und dies darf logisch als gut bestätigt gelten; man kann dies mit der Entdeckung der mengentheoretischen Antinomien durch Russell vergleichen, die sich dann einstellen, wenn man mit dem Begriff »Menge aller Mengen» operiert.[23]

Die Entdeckung der Antinomien war für Kant ein geradezu traumatisches Anzeichen dafür, daß mit der rationalistischen Metaphysik der Leibniz-Wolffschen Tradition, aus der er kam, etwas nicht stimmen konnte, und dies motivierte ihn zu einer Kritik aller Metaphysik mit den Mitteln einer Kritik der reinen, die Grenzen möglicher Erfahrung überschreitenden Vernunft. Von den Antinomien sagt er: »Dieses Produkt der reinen Vernunft in ihrem transzendenten [transempirischen] Gebrauch ist das merkwürdigste Phänomen derselben, welches auch unter allen am kräftigsten wirkt, die Philosophie aus ihrem dogmatischen Schlummer zu erwecken und sie zu dem schweren Geschäfte der Kritik der Vernunft selbst zu bewegen.«[24] »Dogmatisch« ist für Kant alle Philosophie, die einfach drauflosphilosophiert, ohne sich zuvor durch Kritik der Grenzen der Vernunft zu versichern. Kants Therapie der antinomischen Metaphysik besteht darin, die Vernunft dazu anzuhalten, sich in der Erkenntnis der Welt nicht über die Grenzen möglicher Erfahrung hinauszuwagen, denn nur dort ist ein solcher Begriff wie der einer Totalität der Bedingungen eines gegebenen Bedingten überhaupt sinnvoll; in der Erfahrungswelt selbst ist so etwas bestenfalls eine regulative, d.h. die Erkenntnis orientierende Idee, aber niemals die Bezeichnung eines möglichen Erkenntnisgegenstandes. (Ganz ähnlich kurierte Russell die Mengenlehre von den Antinomien, indem er mit seiner »Typentheorie« Begriffsbildungen wie »Die Menge aller Mengen« schlicht verbot.)

Hegels Einschätzung der Kantischen Antinomienlehre ist ambivalent; nach einer kurzen Darstellung heißt es: »Dieser Gedanke, daß der Widerspruch, der am Vernünftigen durch die Verstandesbestimmungen gesetzt wird, wesentlich und notwendig ist, ist für einen der wichtigsten und tiefsten Fortschritte der Philosophie neuerer Zeit zu achten. So tief dieser Gesichtspunkt, so trivial ist die Auflösung; sie besteht nur in einer Zärtlichkeit für die weltlichen Dinge. Das weltliche Wesen soll es nicht sein, welches den Makel des Widerspruchs an ihm habe, sondern derselbe nur der denkenden Vernunft, dem Wesen des Geistes zukommen.« (8, 126 f.) Indem Kant nur die Vernunft für die Antinomie haftbar mache, verschone er »zärtlich« die Welt vor dem Widerspruch, während sie doch in Wahrheit in sich selbst widersprüchlich sei – eben als unbedingte Einheit des Unbedingten und Bedingten. Dann moniert Hegel, daß Kant nur vier Antinomien aufführt: »Die Hauptsache, die zu bemerken ist, ist, daß nicht nur in den vier besonderen, aus der Kosmologie entnommenen Gegenständen die Antinomie sich befindet, sondern vielmehr in allen Gegenständen aller Gattungen, in allen Vorstellungen, Begriffen und Ideen. Dies zu wissen und die Gegenstände in dieser Eigenschaft zu erkennen, gehört zum Wesentlichen der philosophischen Betrachtung; diese Eigenschaft macht das aus, was weiterhin sich als das dialektische Moment des Logischen bestimmt.« (8, 127 f.) Hegel folgert aus dieser Kritik, daß eine Philosophie, die wie die Kantische die Antinomien dadurch zu vermeiden sucht, daß sie die Vernunft in Grenzen einschließt, in denen sie gar nicht erst entstehen können, sich damit die vernünftige Erkenntnis der Wirklichkeit selbst verbiete, denn die sei in spekulativer Perspektive nun einmal voller Widersprüche und erfordere deswegen die Dialektik. So erscheint Kant bei Hegel als ein kleinmütiger Denker, der angesichts der Antinomien aus Furcht vor der Unwissenschaftlichkeit der Philosophie aus der Welt der metaphysischen Spekulation in den sicheren Hafen der Erfahrungserkenntnis zurückkehre, in dem tatsächlich keine Antinomien zu befürchten sind. Die Alternative »Kant oder Hegel?«[25] entscheidet sich tatsächlich an diesem Punkt: Wollen und können wir die Widersprüche, in die wir auf dem Weg totalisierender Begriffsbildung unvermeidlich geraten, durch methodische Restriktionen der Philosophie ausschließen, oder ist der Versuch aussichtsreich, in diesen Widersprüchen und mit diesen Widersprüchen rational weiterzudenken, wie alle Dialektiker seit Hegel behaupten? Diese Frage kann an dieser Stelle, an der es nur darum geht, die Herkunft der Hegelschen spekulativen Grundfigur anzugeben, freilich nicht beantwortet werden.

Fichte

Biographisch gesehen liegt Hegels intensive Beschäftigung mit Kants theoretischer Philosophie später als die Bekanntschaft mit einer anderen Quelle seines spekulativen Denkens – der *Wissenschaftslehre* Fichtes in der Vermittlung und Deutung durch Schelling. Darüber sagt Hegel in der *DS*: »Die Grundlage des Fichteschen Systems ist intellektuelle Anschauung, reines Denken seiner selbst, reines Selbstbewußtsein Ich = Ich, Ich bin; das Absolute ist Subjekt-Objekt, und Ich ist diese Identität des Subjekts und Objekts.« (2, 52) Zunächst ist wichtig, daß nach Fichte das sich im Modus intellektueller Anschauung selbst denkende Denken absolut ist (lat. *absolutus* – wörtl. abgelöst, vollendet, vollkommen), d.h., es hat nichts mehr außer sich, wovon es abhinge oder das es von außen bestimmte. Kant hatte das »Ich denke« noch so gedacht, daß es von äußeren Gegenständen sinnlich affiziert und nur unter den Bedingungen sinnlicher Affektion Erkenntnis zu stiften vermag; für die Unterscheidung zwischen dem rein Intelligiblen (Denkbaren) und dem Empirischen hatte er die umstrittene Unterscheidung zwischen den Dingen an sich und den Erscheinungen eingeführt, wobei er »Erscheinung« als den »unbestimmten Gegenstand einer empirischen Anschauung« definiert hatte. Fichtes Schritt über Kant hinaus war die Abschaffung des Dinges an sich; für ihn war dies der absurde Gedanke eines Äußeren, vom Denken Unabhängigen, das gleichwohl das »Ich denke« in seiner Spontaneität, von der auch Kant gesprochen hatte, soll bestimmen können. Fichte behauptete, daß die Idee eines von außen bestimmbaren Ich mit seiner Freiheit unvereinbar sei, und deswegen bleibe nur eine einfache Alternative: auf der einen Seite der Standpunkt des Dogmatismus und Materialismus, der mit dem Rekurs auf die angebliche äußere Einwirkung der Dinge an sich auf das Denken die Freiheit leugnet, und andererseits der Idealismus, der im Zeichen der Freiheit auch in der Erfahrung die »freihandelnde Intelligenz«[26] zum Prinzip erhebt. Fichte zufolge gibt es zwischen beiden Standpunkten keine argumentative Entscheidung, und so folgt der berühmte Satz: »Was für eine Philosophie man wähle, hängt sonach davon ab, was man für ein Mensch ist.«[27]

Obwohl Fichte das Ding an sich auf diese Weise zur Standpunktsache erklärt hat, argumentierte er auch gegen dessen Begriff: »Das Prinzip des Dogmatikers, das Ding an sich, ist nichts, und hat, wie der Verteidiger desselben selbst zugeben muß, keine Realität, außer diejenige, die es dadurch erhalten soll, daß nur aus ihm die Erfahrung sich erklären lasse. Diesen Beweis vernichtet der Idealist dadurch, daß er die Erfahrung auf andere Weise erklärt, also gerade dasjenige, worauf der Dogmatismus baut, ableugnet. Das Ding an sich wird zur völligen Chimäre, es zeigt sich gar kein Grund mehr, warum man eins annehmen sollte; und mit ihm fällt das ganze dogmatische Gebäude zusammen.«[28] Die »andere« Erklärung der Erfahrung beruht bei Fichte auf dem Gedanken, daß das ICH nicht nur sich selbst, sondern auch sein Gegenteil, das Nicht-ICH, setzt und so sich und sein anderes, das ICH und das Nicht-ICH, in einer Struktur vereinigt, die gleichwohl ICH ist.[29] So ist das Fichtesche ICH die durch es selbst gesetzte Einheit von ICH und Nicht-ICH, und da ja nach der Liquidierung des Dinges an sich nichts außer dem ICH existiert, kann das, was das ICH als Nicht-ICH erfährt, nur eine Setzung durch das ICH, d.h. ICH sein. Darum ist es zutreffend, wenn Hegel Fichtes Position so beschreibt: »[...] das Absolute ist Subjekt-Objekt, und Ich ist diese Identität des Subjekts und Objekts.« (2, 52) Diese Charakterisierung stammt freilich aus Schellings genialischen Jugendschriften *Über die Möglichkeit einer Form der Philosophie überhaupt* (1794) und *Vom Ich als Prinzip der Philosophie oder über das Unbedingte im menschlichen Wissen* (1795)[30], in denen Schelling Fichtes *Wissenschaftslehre* aufgreift und in einer Weise paraphrasiert, die sein eigenes System der »Identitätsphilosophie« vorbereitet.

Die spekulative Grundfigur Hegels – also der Gedanke des Einen als Einheit des Einen und Vielen, des Allgemeinen als Einheit des Allgemeinen und Besonderen, der Identität von Identität und Nichtidentität – hatte vor der logischen Analyse solcher Strukturen und schon im Vorfeld der Beschäftigung mit Kants Antinomien bereits in Fichtes Idealismus ihr Modell gefunden: im ICH als der Einheit von ICH und Nicht-ICH, dem Absoluten als »Subjekt-Objekt«, das aber selbst ICH ist – Identität des Subjekts und Objekts in deren Nichtidentität. Wichtig ist, daß diese ganze Struktur von der Prämisse abhängt, daß das Selbstbewußtsein als eine Struktur zu beschreiben sei, in der das Subjekt sich selbst Objekt ist und sich im Objekt doch nur selbst erkennt.[31] Da es nach Fichtes Wendung ja kein Ding an sich, kein vom Bewußtsein unabhängiges Objekt mehr geben soll, kann alle Objektivität, also auch die der empirischen Welt, nichts anderes sein als das Objektsein des Subjekts selbst im reinen Selbstbewußtsein; darauf muß sich alle Objektivität zurückführen lassen, und in diesem Sinne bestimmt Hegel in der *PhG* den Idealismus als die »Gewißheit des Bewußtseins, alle Realität zu sein« (3, 179). Die Fichte-Schellingsche Version der spekulativen Grundfigur enthält aber über das bloß Strukturelle einer auf den ersten Blick widersprüchlichen Einheit von Entgegengesetztem hinaus ein dynamisches Element, das Fichte durch das Stichwort der »Setzung« ins Spiel brachte: Jene spekulative Struktur ist hier nichts bloß Vorfindliches, keine einfach vorhandene Form irgendeines gegebenen Absoluten, sondern etwas vom ICH, vom Subjekt oder vom reinen Selbstbewußtsein selbst Hervorgebrachtes, und nur darum konnte Fichte sie mit dem Pathos der unbedingten Freiheit verbinden. Noch im Tübinger Stift hatte Hölderlin in Hegels Stammbuch unter eine Goethe-Zeile den Leitspruch *Hén kaì pân* (Das Eine und alles) geschrieben, dem auch Schelling zugestimmt hätte.[32] Nach Fichtes Idealismus des absoluten ICH nahm für Hölderlin, Hegel und Schelling dieses Eine, das alles ist, eine konkrete Gestalt an: die eines Absoluten, das ICH, Subjekt, Selbstbewußtsein ist, das wir nicht in irgendeinem Jenseits aufsuchen müssen, weil wir, wie Fichte in seinen didaktischen Schriften eindrücklich nachzuweisen versucht hat, selber selbstbewußte Subjekte sind, die ihr wahres ICH in Freiheit ergreifen können.

Die neunziger Jahre des 18. Jahrhunderts sind in die Philosophiegeschichte eingegangen als die Epoche einer erneuten Faszination durch die Philosophie Spinozas[33], die die Einheit der Welt im *Deus sive natura* als der einen Substanz aller Dinge zu denken versucht hatte. Der Idealismus Fichtes und des jungen Schelling muß als der Versuch gedeutet werden, den Spinozismus auf der Grundlage zu wiederholen, die Kant bereitgestellt hatte: auf der Basis einer Theorie des Selbstbewußtseins, die freilich von allen Elementen gereinigt werden mußte, die Fichte als dogmatisch und materialistisch abgetan hatte – vor allem vom Gedanken der Affektion durch ein Ding an sich –, damit das ICH nunmehr selbst als das *hén kaì pân* ausgegeben werden konnte.[34] So schien es möglich zu sein, endlich die gefürchteten mechanistischen und deterministischen Züge von Spinozas eigenem System hinter sich zu lassen und es in gewandelter Form als das wahre System der Freiheit zu präsentieren. Hegel sagt in der Vorrede zur *PhG*: »Wenn Gott als die eine Substanz zu fassen das Zeitalter empörte, worin diese Bestimmung ausgesprochen wurde, so lag teils der Grund hiervon in dem Instinkte, daß darin das Selbstbewußtsein nur untergegangen, nicht erhalten ist.« (3, 23) Daraus folgt für ihn: »Es kommt nach meiner Einsicht [...] alles darauf an, das Wahre nicht als Substanz, sondern ebensosehr als Subjekt aufzufassen und auszudrücken.« (3, 22 f.) Die Substanz »ebensosehr« als Subjekt zu denken – das bedeutet, wie Hegels Formulierung zeigt, die Verlebendigung der Substanz des Spinoza durch die drei Grundsätze von Fichtes *Wissenschaftslehre.* Fichte hingegen wird in der *DS* im Einverständnis mit Schelling vorgeworfen, die Substanz nur als Subjekt gedacht zu haben, weswegen sein System nur zu einem »subjektiven Subjekt-Objekt« gelange. (Vgl. 2, 94 ff.) Hegel hingegen versucht nun, gegen Fichte im Gedanken des Absoluten die Bestimmungen »Substantialität« und »Subjektivität« als gleichberechtigte zu vereinigen, und dieses Programm hat die Ausbildung seines gesamten Systems bestimmt. Die so gedachte Einheit von Substanz und Subjekt ist nicht nur der rationale Kern seiner Rede von der »Bewegung des Begriffs« oder vom »Walten der Sache selbst«, sondern bestimmt auch die Grundstruktur des höchsten logischen Begriffs, über den seine Philosophie verfügt, den der Idee. So heißt es in der Einleitung zu den *Grundlinien der Philosophie des Rechts (GPR)*: »Die *philosophische Rechtswissenschaft* hat die *Idee des Rechts*, den Begriff des Rechts und dessen Verwirklichung zum Gegenstand. Die Philosophie hat es mit Ideen und darum nicht mit dem, was man *bloße Begriffe* zu heißen pflegt, zu tun, sie zeigt vielmehr deren Einseitigkeit und Unwahrheit auf, sowie daß der *Begriff* (nicht das, was man oft so nennen hört, aber nur eine abstrakte Gedankenbestimmung ist) allein es ist, was *Wirklichkeit* hat und zwar so, daß er sich diese selbst gibt.« (7, 29) Alle wahre Wirklichkeit ist demzufolge durch den Begriff selbst gesetzt, und darum ist dem berühmten Diktum der Vorrede der *GPR* zufolge alles Vernünftige wirklich und alles Wirkliche vernünftig. (Vgl. 7, 24) Zugleich wird in dieser Figur der Primat des Begriffs sichtbar, denn die Wirklichkeit, die sich der Begriff gibt, bleibt Wirklichkeit des Begriffs, d.h. bloßes Moment in der konkreten Einheit des Begriffs als Idee. Es liegt auf der Hand, daß sich hinter dem Begriff, der sich nach Hegel seine eigene Wirklichkeit gibt, nichts anderes verbirgt als das Fichtesche ICH, das das Nicht-ICH setzt und als durch sich selbst Gesetztes begreift; nur wird jetzt das die Wirklichkeit setzende absolute Prinzip nicht mehr »ICH« genannt. So erweist sich die Hegelsche spekulative Grundfigur, wenn man neben ihrer Struktur auch ihre Dynamik betrachtet, als das Resultat der »Entpsychologisierung« des Fichteschen Absoluten. Obwohl er sie damit vom bewußtseinsphilosophischen Kontext unabhängig macht, hält Hegel doch unbeirrt am idealistischen Prinzip der Subjektivität fest, das er aber nicht nur im ICH oder dem reinen Selbstbewußtsein am Werk sieht, sondern überall. Auch das Hegelsche Absolute bleibt Subjekt, aber es ist »ebensosehr« Substanz, und darum ist für Hegel »absolute Idee« und nicht länger »ICH« die logisch-korrekte Bezeichnung des Absoluten, des absoluten

»Subjekt-Objekt«. (Vgl. 6, 466) Die Philosophie der absoluten Idee nennt Hegel später »absoluten Idealismus«. (Vgl. 8, 123 und 307)

Hölderlin

Die spekulative Grundfigur Hegels ist also der Gedanke eines Absoluten, das als *causa sui* (Spinoza) Ursache seiner selbst ist oder (in idealistischer Terminologie) sich selbst setzt, aber zugleich sich sein eigenes Gegenteil entgegensetzt, um sich dann als Einheit seiner selbst und seines selbstgesetzten Anderen zu realisieren. Die Ablösung dieser Figur von der Fichteschen Analyse des reinen Selbstbewußtseins ist der Schritt, den Hölderlin in seiner kritischen Fichte-Rezeption ging, wobei ihm Hegel in seiner Frankfurter Zeit (1797-1801) folgte. In dem inzwischen schon klassischen Aufsatz *Hegel und Hölderlin* (1971)[35] hat Dieter Henrich gezeigt, welche Rolle die platonistisch-theosophische, von Shaftesbury inspirierte »Vereinigungsphilosophie« für Hölderlins Entwicklung spielte, der sie aus der Debatte zwischen Hemsterhuis und Herder kannte. Ihr Zentralproblem ist das der Versöhnung der beiden einander entgegengesetzten Lebenstendenzen Selbstheit und Hingabe in der Liebe. Dann wurde Schiller für Hölderlin wichtig, der versucht hatte, die Kantischen Dualismen von Sinnlichkeit und Verstand, Neigung und Pflicht in einem höheren, aber nicht transzendenten Prinzip zusammenzuführen, und wieder fällt hier das Stichwort »Liebe«. Hölderlin trennt sich von Schiller und dem Kantianismus dadurch, daß er nicht mehr die entgegengesetzten Lebenskräfte als ursprünglich ansetzt und dann über ihr sekundäres Einssein nachdenkt; vielmehr versucht er das, was die Vereinigung des Entgegengesetzten leistet, zugleich als Grund der Entgegensetzung selber zu verstehen. Nachdem Hölderlin mit Fichtes *GWL* bekannt geworden war, lag für ihn auf der Hand, daß dieser Grund der Entgegensetzung nicht als ICHheit, d.h. im Selbstbewußtsein auffindbarer gedacht werden könne, weil das ICH sich nur als dem Objekt Entgegengesetztes selbst identifizieren kann. So kehrt Hölderlin mit seinem Gedanken des Ur-Einen zu einem Sein im Vorfeld allen Bewußtseins zurück, das sich zwar nicht diskursiv analysieren, aber in den Metaphern »Liebe« und »Leben« doch angemessen ausdrücken läßt.

Nach seiner Ankunft in Frankfurt 1797 gab Hegel unter dem Eindruck Hölderlins seinen bisherigen Kantianismus auf; die spätere Distanzierung von Fichte war damit vorgezeichnet. »Liebe« und »Leben« erscheinen in Hegels Frankfurter Schriften (vgl. 1, 239 ff.) als die Leitbegriffe seines Denkens. Gleichwohl blieb er Kantianer dadurch, daß er die Vereinigung der Gegensätze schon damals ganz »erkenntnistheoretisch« analog zum Verhältnis von Subjekt und Objekt verstand[36] und daß er ständig versuchte, die mehr im Poetischen und in mythischer Redeweise verbleibenden Spekulationen Hölderlins begrifflich zu präzisieren und sie in einen durchsichtigen, auch kritischen Ansprüchen genügenden Zusammenhang zu bringen. Hegel hielt es nicht bei der neuen »Mythologie der *Vernunft*« Hölderlins[37]; er optierte für den methodischen Rationalismus Kants, der dann auch nach dem Ende seiner Zusammenarbeit mit Schelling in Jena der Grund dafür war, daß sich die Wege beider trennten.

In den »Theologischen Jugendschriften« ist der Begriff »Liebe« zentral, tritt aber immer mehr zugunsten von »Leben« in den Hintergrund. Der Grund dafür ist in der Tatsache zu sehen, daß »Liebe« in der Regel einen Zustand meint und mehr statische Assoziationen nahelegt, während der Ausdruck »Leben« auf Prozessuales verweist. Dies entspricht der Grundintuition des Idealismus, die Substanz »ebensosehr« als Subjekt zu denken: In der Substanz-Metaphysik Spinozas war *amor Dei* ein wichtiger Begriff, während sie für das Lebendige nur mechanische Erklärungen bereitstellte; die idealistische Subjekt-Metaphysik hingegen als die Dynamisierung des Spinozismus muß auch die Liebe prozessual, d.h. lebendig denken, und damit erhebt sie »Leben« zum Grundbegriff. In der Tat läßt sich am Lebendigen das Spezifische der Hegelschen Version des Hölderlinschen Vereinigungsgedankens besser explizieren als am Phänomen der Liebe: der Gedanke der Immanenz des sich in die Gegensätze entlassenden Prinzips in den Gegensätzen selbst[38], was dann auch seine einigende Kraft erklärt. In der *PhG* finden wir diesen Gedanken systematisch ausgeführt:

»Die einfache Substanz des Lebens also ist die Entzweiung ihrer selbst in Gestalten und zugleich die Auflösung dieser bestehenden Unterschiede; und die Auflösung der Entzweiung ist ebensosehr Entzweien oder ein Gliedern. Es fallen damit die beiden Seiten der ganzen Bewegung, welche unterschieden wurden, nämlich die in dem allgemeinen Medium der Selbständigkeit ruhig auseinandergelegte Gestaltung und der Prozeß des Lebens ineinander; der letztere ist ebensosehr Gestaltung, als er das Aufheben der Gestalt ist; und das erste, die Gestaltung, ist ebensosehr ein Aufheben, als sie die Gliederung ist. Das flüssige Element ist selbst nur die Abstraktion des Wesens, oder es ist nur als Gestalt wirklich; und daß es sich gliedert, ist wieder ein Entzweien des Gegliederten oder ein Auflösen desselben. Dieser ganze Kreislauf macht das Leben aus, – weder das, was zuerst ausgesprochen wird, die unmittelbare Kontinuität und Gediegenheit seines Wesens, noch die bestehende Gestalt und das für sich seiende Diskrete, noch der reine Prozeß derselben, noch auch das einfache Zusammenfassen dieser Momente, sondern das sich entwickelnde und seine Entwicklung auflösende und in dieser Bewegung sich einfach erhaltende Ganze.« (3, 142)

Die Dialektik von Leben und Lebendigem besteht somit darin, daß das Leben als Prozeß nur in Gestalten des Lebendigen wirklich ist, die als Resultate der Selbstentzweiung des Lebens verstanden werden müssen; das Verhältnis von Leben und Lebendigem ist demnach ein negatives. Hierbei handelt es sich aber um bestimmte Negation, d.h., die lebendige Gestalt als *Negation* des Lebens ist Negation des *Lebens*; in ihr bleibt das Leben als bestimmende Macht mächtig, und zwar als negative Macht, so daß das Leben zugleich die Negation des Lebendigen ist – seine Auflösung oder sein Tod. Das Leben ist damit nicht nur das Leben im Gegensatz zum Lebendigen und zu dessen Tod, sondern der ganze Zusammenhang dieser Momente. Als Einheit seiner selbst und seines Gegenteils, des todgeweihten Lebendigen, exemplifiziert das Leben die logische Struktur der Identität von Identität und Nichtidentität.

Schon lange vor der *PhG* beginnt der Begriff »Geist« den des Lebens als spekulativen Grundbegriff zu verdrängen, und schon in der *PhG*, und erst recht im späteren System wird die Dialektik des Lebens zu einem bloßen Exempel der Dialektik des Geistes herabgesetzt; die *WL* behandelt das Leben als abstrakte, d.h. unentwickelte Gestalt der absoluten Idee. (Vgl. 6, 469 ff.) Dies ist eine wichtige Differenz zur »Lebensphilosophie« des späten 19. Jahrhunderts; hier greift zwar Dilthey ausdrücklich auf das Hegelsche Verhältnis von Leben und Geist zurück, aber mit einem wichtigen Unterschied: Das Leben ist nicht mehr eine Manifestation des Geistes, sondern umgekehrt – der Geist und seine Objektivationen in der Kultur werden als Objektivationen des Lebens verstanden, und »Leben« ist dabei nichts, was sich einer logischen Darstellung fügte. Dilthey hat richtig gesehen, daß »Geist« bei Hegel mehr meint als bloß »Bewußtsein«. Man kann in der Tat in Hegels Texten in den meisten Fällen »Geist« mit »Kultur« übersetzen – vor allem da, wo vom »objektiven« und »absoluten« Geist die Rede ist –, und darum enthalten weite Partien der *PhG* eine Kultur- und Geschichtsphilosophie. Was Dilthey von Hegel trennt, ist eine Metaphysik des Irrationalen, der zufolge (nach Schopenhauers Vorbild) das, was »die Welt im Innersten zusammenhält«, der Vernunft unzugänglich bleibt. Hegels Metaphysik hingegen bleibt durch und durch rationalistisch, denn ihr zufolge ist alle Wirklichkeit, auch die des Lebens und des Lebendigen, Verwirklichung der Idee durch die Idee selbst.

Theologie

Die Entstehungsgeschichte von Hegels spekulativer Grundfigur bliebe unvollständig, wenn man sie nicht über Kant, Fichte und Hölderlin bis auf ihre theologischen Wurzeln zurückverfolgte. Die Grundlagen ihrer Bildung haben Hölderlin, Schelling und Hegel im Tübinger Stift, der Ausbildungsstätte der Pfarrer im Herzogtum Württemberg, erhalten; auch Fichte hat Theologie studiert. In der Tat ist es nicht schwer, in der Figur einer sich selbst entzweienden, in der Entzweiung sich realisierenden und sich mit sich zusammenschließenden Totalität den christlichen Gott wiederzuerkennen. Dieser Gott hat die Welt, das Nichtgöttliche, *ex nihilo*, d.h. aus nichts Geschaffenem und somit aus sich selbst geschaffen. Das christliche Glaubensbekenntnis verknüpft die Weltschöpfung mit dem »eingebornen Sohn Gottes, [...] vom Vater abstammend vor allen Zeiten, Gott vom Gott, Licht vom Lichte, wahrer Gott vom wahren Gotte, gezeugt, nicht erschaffen, gleichen Wesens mit dem Vater, durch den alles erschaffen worden ist« – so das Nizänische Glaubensbekenntnis (*Nicaenum*)[39], wodurch das *mysterium creationis* (Geheimnis der Weltschöpfung) auf das *mysterium trinitatis* (Geheimnis der Dreieinigkeit) verweist, denn das Credo bekennt den »heiligen Geist, der Herr ist und Leben gibt *(vivificantem)*, der aus dem Vater und Sohne hervorgeht«. Es ist unübersehbar, daß Hölderlins Spekulationen über Liebe und Leben vom christlichen *spiritus vivificans* bestimmt sind, der als Geist der Liebe und des Lebens Gott und Sohn sowie Gott und Welt zusammenschließt; so ist es nicht verwunderlich, daß Hegels »Geist« immer auch Züge des Heiligen Geistes aufweist. Dies ist auch deswegen nicht erstaunlich, weil Augustinus in seinen Trinitätsspekulationen, die zu den wirkmächtigsten der gesamten Theologiegeschichte gehören, die Trinität am Leitfaden des menschlichen Bewußtseins auszulegen versucht hat[40]; er hat lange vor dem Idealismus die Brücke vom Menschengeist zum göttlichen Geist geschlagen, die der deutsche Idealismus nun erneut betritt. Die Selbstentzweiung Gottes im Sohn und die Einheit mit dem Sohn im Geist wird im christlichen Credo aber gesteigert zur Selbstentfremdung des Göttlichen durch die Inkarnation, d.h. die Menschwerdung des Gottessohnes. Paulus sagt von ihm: »[...] welcher, ob er wohl in göttlicher Gestalt war, hielt er's nicht für einen Raub, Gott gleich sein, sondern entäußerte sich selbst und nahm Knechtsgestalt an, ward gleich wie ein anderer Mensch und an Gebärden als ein Mensch erfunden.«[41] Der Begriff »Entäußerung«, der bei der Charakterisierung des Geistes bei Hegel ständig wiederkehrt, ist ein Nachklang der Lutherschen Übersetzung von griech. *ekkenoûn*/lat. *exinanio* – ausleeren, berauben, entblößen. Als Gegenbegriff erscheint in der *PhG* einmal der der «Er-innerung« (3, 591) im buchstäblichen Sinne der Rücknahme des Entäußerten ins Innere; sonst spricht Hegel an dieser Stelle immer von »Versöhnung«, und auch hier ist der theologische Klang dieser Rede unüberhörbar: »Denn Gott war in Christo und versöhnte die Welt mit ihm selber«[42], und zwar durch den Opfertod des Gottessohnes. Wie Paulus hält auch Hegel daran fest, daß diese Versöhnung nur Selbstversöhnung, das Werk des sich seiner selbst entäußerten Absoluten sein kann. Über die »Rationalität« dieser Lehre machte sich schon Paulus keine Illusionen; immer wieder betont er, daß die die Versöhnung verkündende Predigt vom Kreuz, d.h. von einem sterbenden und auferstehenden Gott, »den Juden ein Ärgernis (*skándalon*) und den Griechen eine Torheit (*moría*)«[43] sein müsse; und davon ist Hegels Rede von der Spekulation als der »Nacht der bloßen Reflexion und des räsonierenden Verstandes, die der Mittag des Lebens ist« (2, 35), ein deutlicher Nachklang. Hegel war sich stets der Tatsache bewußt, daß seine Philosophie – die der Vorrede zu den *GPR* zufolge die »Versöhnung mit der Wirklichkeit« (7, 27) darum gewährt, weil die *Versöhnung* zwischen dem Absoluten und Kontingenten, dem Unendlichen und Endlichen, dem Begriff und der Wirklichkeit, an sich vollbracht sei und nur noch denkend erfaßt werden müsse – dem gesunden Menschenverstand ebenfalls als Ärgernis und Torheit erscheinen müsse, und dabei ist es in der Tat bis heute geblieben.[44]

Daß diese Rückführung der spekulativen Grundfigur Hegels auf die christlichen Dogmen der Weltschöpfung, der Trinität und der Inkarnation selbst keine bloße Spekulation ist, kann man zum einen damit belegen, daß Hegel schon 31 Jahre alt war, als seine erste selbständige philosophische Publikation erschien: die *DS*; davor entstanden seit 1793 seine Theologischen Jugendschriften (vgl. 1, 9-418), die man als das Laboratorium ansehen kann, in dem alle wichtigen Hegelschen Leitbegriffe entstehen: »Positivität«, »Negativität«, »Entäußerung«, »Entfremdung«, »Versöhnung«, »Geist« usf. Freilich sind sie schon zu jener Zeit längst keine rein innertheologischen Konzepte mehr – wie z.B. der Begriff »Entfremdung«, der schon bei Rousseau wichtig ist –, aber die Geschichte unserer philosophischen Termini ist ohnehin mit der Theologiegeschichte so eng verflochten, daß säuberliche Trennungen hier schwierig sind. Entscheidend ist der Kontext, und da ist unbestreitbar, daß Hegel seine eigene philosophische Terminologie wesentlich in Zusammenhängen theologischer Reflexionen entwickelte, auch wenn dabei philosophische Motive wichtig waren.[45] Bestätigt wird dies auch durch das Resultat dieser Genealogie im späteren System seit der *PhG*: Hegel sieht zwischen der »geoffenbarten«, christlichen Religion und der spekulativen Philosophie nur noch einen formalen Unterschied der Repräsentationsweise ein und desselben Inhalts: »Die Religion ist die Art und Weise des Bewußtseins, wie die Wahrheit für alle Menschen, für die Menschen aller Bildung ist; die wissenschaftliche Erkenntnis der Wahrheit aber ist eine besondere Art des Bewußtseins, deren Arbeit sich nicht alle, sondern nur wenige unterziehen. Der Gehalt ist derselbe, aber wie Homer von einigen Dingen sagt, daß sie zwei Namen haben, den einen in der Sprache der Götter, den anderen in der Sprache der übertägigen Menschen, so gibt es für jenen Gehalt zwei Sprachen, die eine des Gefühls, der Vorstellung und des verständigen, in endlichen Kategorien und einseitigen Abstraktionen nistenden Denkens, die andere des konkreten Begriffs.« (8, 23f.) Wichtig ist, daß Hegel an dieser wie an vielen Stellen das Wort »Wahrheit« gleichbedeutend mit »das Absolute« gebraucht. Zu Beginn der *EPW* heißt es von der Philosophie: »Sie hat [...] ihre Gegenstände zunächst mit der Religion gemeinschaftlich. Beide haben die Wahrheit zu ihrem Gegenstande, und zwar im höchsten Sinne – in dem, daß Gott die Wahrheit und er allein die Wahrheit ist.« (8, 41)[46] Verhalten sich aber Religion und Philosophie nur wie Vorstellung und Denken »der« Wahrheit zueinander, so ist schwer erklärlich, warum man, nachdem »die« Wahrheit einmal in der Philosophie gedacht worden ist, die Religion noch braucht; ist sie dann nicht bloß Philosophieersatz für die philosophisch Ungebildeten, vielleicht sogar »Opium des Volks« (Marx)? Obwohl sich Hegel immer gegen diese Konsequenz zu wehren suchte (vgl. z.B. 8, 24), ist es nicht verwunderlich, daß er sich zu Lebzeiten immer zugleich gegen die Vorwürfe des Atheismus wie des Pantheismus wappnen mußte (vgl. 10, 379ff.); sie konnten einen damals den Lehrstuhl kosten, wie das Schicksal Fichtes demonstriert hatte.

Im Ergebnis kann man festhalten, daß Hegels spekulative Grundfigur ihrer tiefsten Wurzel nach eine theologische ist, und nur darum kann er die spekulative Philosophie als die Wahrheit der christlichen Religion ausgeben. In dem mit »Die geoffenbarte Religion« überschriebenen Abschnitt der *EPW* stellt er die christliche Dogmatik als ein System von drei Schlüssen dar, »die den einen Schluß der absoluten Vermittlung des Geistes mit sich selbst ausmachen« (10, 377). Dem ersten Schluß entspricht die Trinität, dem zweiten die Weltschöpfung und dem dritten die Inkarnation, also das Geschehen des Todes und der Auferstehung des Gottessohnes, in dem die Versöhnung der Welt mit Gott durch Gott selbst geschieht. (Vgl. 10, 375f.) Die »skandalöse« Lehre vom Tod Gottes am Kreuz[47] bildet den Hintergrund für Hegels These, daß sich die Macht des Lebens gerade im Tod des Lebendigen und die des Geistes in seiner Selbstentäußerung zeige, denn »nicht das Leben, das sich vor dem Tode scheut und vor der Verwüstung rein bewahrt, sondern das ihn erträgt und in ihm sich erhält, ist das Leben des Geistes« (3, 36).

4. Phänomenologie des Geistes

Hegel hatte die spekulative Grundfigur seines Denkens schon in der *DS* in logischen Termini als »Identität der Identität und Nichtidentität« (2, 96) präsentiert; vor ihrem theologischen Hintergrund ist es nicht abwegig, sie in Marx' Worten als »Trinitarische Formel« zu bezeichnen.[48] Zugleich folgte er Kant in der Überzeugung, daß für das Philosophieren in spekulativer Perspektive, d.h. für die Metaphysik »der kritische Weg [...] allein noch offen«[49] sei, wenn es nicht bloße Spekulation im negativen Wortsinn und jene Figur nur eine leere Formel bleiben sollte. Also bedurfte es auch für ihn einer erkenntniskritischen Grundlegung der Metaphysik als Wissenschaft, die Kant als erster mit seiner *Kritik der reinen Vernunft* vorgelegt hatte. Ihr entspricht bei Hegel die *PhG*; als er sich anschickte, nach umfangreichen Vorbereitungen durch seine Jenaer Vorlesungen der Jahre 1802 bis 1806 dem Brauch der Zeit gemäß seine Philosophie als System auszuarbeiten und zu publizieren, ließ er sie 1807 unter schwierigsten Umständen[50] mit folgendem Titel erscheinen. *System der Wissenschaft von Ge. Wilh. Fr. Hegel [...] – Erster Theil, die Phänomenologie des Geistes.* (Vgl. 3, 9)

»Phänomenologie«

Der Ausdruck »Phänomenologie« ist in unserer Zeit durch das philosophische Programm Edmund Husserls und seiner Nachfolger besetzt; zu Hegels Zeit war er durch Johann Heinrich Lamberts *Neues Organon* (1764) eingeführt worden. Herder, Novalis und Fichte hatten ihn aufgegriffen, und Hegel stellt sich in diese Tradition. Lambert bezeichnete den vierten Teil seines Werkes als »Phänomenologie oder Lehre von dem Schein«, und die »Theorie des Scheins und seines Einflusses auf die Richtigkeit oder Unrichtigkeit der menschlichen Erkenntnis« hat ihm zufolge den Zweck, »den Schein zu vermeiden, um zu dem Wahren durchzudringen«[51]. Es liegt somit nahe, die Phänomenologie genetisch zu verstehen, und Hegel greift dies unmittelbar auf: »Dies Werden der *Wissenschaft überhaupt* oder des *Wissens* ist es, was diese *Phänomenologie des Geistes* darstellt. Das Wissen, wie es zuerst ist, oder der *unmittelbare Geist* ist das Geistlose, das sinnliche Bewußtsein. Um zum eigentlichen Wissen zu werden oder das Element der Wissenschaft, das ihr reiner Begriff selbst ist, zu erzeugen, hat es sich durch einen langen Weg hindurchzuarbeiten.« (2, 31) Hegel thematisiert (mit Kant) das Wissen nur als wissenschaftliches und setzt deswegen Wissenschaft mit Wissen gleich; er geht dann von »Wissen« unmittelbar zu »Geist« und »Bewußtsein« über. Darum muß man den Ausdruck »Phänomenologie des Geistes« wie folgt verstehen: Es handelt sich um die phänomenologische Darstellung des erscheinenden Wissens, d.h. des Prozesses des Werdens des Wissens zur Wissenschaft, im Ausgang vom bloßen Schein oder der bloßen Erscheinung des Wissens, wie sich dies auf der Stufe des »unmittelbaren Geistes« oder des geistlos-sinnlichen Bewußtseins zuerst vorfindet. Die *PhG* ist sodann die (phänomenologische) Beschreibung des »langen Weges«, durch den sich der »unmittelbare Geist« als »sinnliche Gewißheit« (2, 82) in einem mühsamen Bildungsprozeß »hindurchzuarbeiten«[52] hat, hin zu dem Stadium, in dem das eigentliche, nicht mehr bloß scheinhafte Wissen »erscheint« oder auftritt. Weil Hegel dieses wahre

Wissen als »absolutes Wissen« (2, 575 ff.) versteht, handelt es sich bei dieser »Phänomenologie« im Resultat um die Epiphanie des Wissens des Absoluten; erst hier hat ihm zufolge das Wissen »das Element der Wissenschaft, das ihr reiner Begriff ist«, erreicht. Das Niveau aber des »reinen Begriffs« der Wissenschaft ist das der Wissenschaft des reinen Begriffs, d.h. der *Wissenschaft der Logik (WL)*, und darum präsentiert Hegel die *PhG* auch als Einleitung in das »System der Wissenschaft«[53], die er aber im Unterschied zu Kants Charakterisierung als »Propädeutik zum System der reinen Vernunft«[54] selbst schon als Wissenschaft verstanden wissen will. (Vgl. 3, 80)

So wird deutlich, warum für Hegel »Phänomenologie des Geistes« mit »Wissenschaft des erscheinenden Wissens« und mit »Wissenschaft der Erfahrung des Bewußtseins« (3, 80) gleichbedeutend ist. Seine Rede vom »Erscheinen« enthält eine polemische Spitze gegen Kant, der unsere Erkenntnis auf den Bereich »bloßer« Erscheinungen einschränken wollte; für Hegel wäre das nur scheinhaftes Wissen, und ihm geht es in der *PhG* gegen Kant um den Nachweis, daß sich Kants »bloße« Erscheinungen im Prozeß des »erscheinenden Wissens« im Resultat als Gestalten des werdenden absoluten Wissens erweisen lassen. Daß Hegel den Prozeß des werdenden Wissens als Erfahrungsprozeß beschreibt, den das Bewußtsein durchlaufen muß, ist eine Reverenz gegenüber dem neuzeitlichen Empirismus. Sein Grundsatz, daß alles, was gelten soll, dem Bewußtsein in seiner eigenen Erfahrung gegenwärtig sein soll, ist nach Hegel das unwiderrufbare Prinzip der Neuzeit. Daß auch in der spekulativen Philosophie das Subjekt »dabei« (vgl. 8, 49) sein will, ist somit unbedingt zu respektieren, und darum hat Hegel stets dem Prinzip der Erfahrung höchste Priorität eingeräumt – freilich anders als die Empiristen, für die er heute noch als haltloser »Spekulierer« gilt. Hegels Weg zur spekulativen Wissenschaft führt somit nicht zurück zur klassischen Metaphysik; seine Philosophie respektiert ausdrücklich, was die Philosophie der Neuzeit skeptisch dagegen einzuwenden hatte. Die geschichtsphilosophische Uhr wird hier nicht hinter das neuzeitliche Subjektivitätsprinzip zurückgedreht, und ihm im Aufbau der wissenschaftlichen Philosophie ganz zu genügen ist der systematische Anspruch der *PhG*.

In der *EPW* sagt Hegel: »Die Kantische Philosophie kann am bestimmtesten so betrachtet werden, daß sie den *Geist als Bewußtsein* aufgefaßt hat und ganz nur Bestimmungen der *Phänomenologie*, nicht der *Philosophie* desselben enthält.« (10, 202) Sein Einwand ist: Bei Kant erreicht die Phänomenologie des Geistes als Bewußtsein nicht das Niveau der Philosophie, d.h. der Wissenschaft im strikten Sinn; dies gilt mutatis mutandis auch für den neuzeitlichen Empirismus, mit dem Hegel Kant prinzipiell auf eine Stufe stellt.[55] Die Phänomenologie des Geistes kann darum nur dann zur Wissenschaft werden – zur Wissenschaft des »erscheinenden Wissens« oder zur »Wissenschaft der Erfahrung des Bewußtseins« –, wenn man über Kant hinausgeht, aber im Sinne des »kritischen Weges«. Hegels erkenntniskritische Grundlegung der spekulativen Philosophie beginnt darum mit einer Kritik der empiristischen und Kantischen Erkenntniskritik, aus der ja die prinzipielle Unmöglichkeit von spekulativer Philosophie gefolgert wurde, und zwar nicht »von außen«, sondern mit denselben Argumenten, die jene Erkenntniskritik selbst vorgebracht hatte; Hegel nennt dieses Verfahren bekanntlich »immanente Kritik«. Die neuzeitliche Philosophie hatte der Metaphysik Dogmatismus vorgeworfen, d.h. das Operieren mit ungeprüften und unbeweisbaren Behauptungen; Hegel dreht nun den Spieß herum und versucht, dieser Dogmatismuskritik selber dogmatische Voraussetzungen nachzuweisen. Dabei greift er die »natürliche Vorstellung« (3, 68) auf, von der auch Locke und Kant ausgingen, daß es ratsam sei, sich vor dem Erkennen über die Möglichkeiten und Grenzen unseres Erkenntnisvermögens zu verständigen, um dann nicht »Wolken des Irrtums statt des Himmels der Wahrheit« (3, 68) zu erfassen. Dabei werde das Erkennen entweder als ein »Werkzeug«[56] verstanden, mit dem man sich »des absoluten Wesens zu bemächtigen« vermöchte, oder als »passives Medium«[57], durch welches hindurch »das Licht der Wahrheit an uns gelangt« (3, 68). Beide Vorstellungen nähren freilich den Verdacht, daß daraus gerade die Unmöglichkeit der Erkenntnis des Wahren folgt, denn Werkzeuge und Medien lassen die Objekte oder Phänomene nicht unverändert. Hegel kritisiert dann die auch heute noch weitverbreitete Vorstellung, Objektivität sei das, was am Gegenstand nach Abzug aller subjektiven Zutaten übrigbleibe, und zwar mit dem Argument, damit sei man ja wieder genau am Anfang der ganzen Erkenntnisprozedur. (Vgl. 3, 69) Es gibt also keine »reine« Erkenntnis, und aus dieser Einsicht hat die Metaphysikkritik seit der antiken Skepsis stets ihre skeptischen Argumente bezogen. Die Alternative zum Dogmatismus ist aber nach Hegel nicht der klassische und moderne Skeptizismus, gegen den sich auch Kant zu wehren versuchte, sondern eine skeptische Betrachtung dieses Skeptizismus selber:

»Inzwischen, wenn die Besorgnis, in Irrtum zu geraten, ein Mißtrauen in die Wissenschaft setzt, welche ohne dergleichen Bedenklichkeiten ans Werk selbst geht und wirklich erkennt, so ist nicht abzusehen, warum nicht umgekehrt ein Mißtrauen in dies Mißtrauen gesetzt und besorgt werden soll, daß diese Furcht zu irren schon der Irrtum selbst ist. In der Tat setzt sie etwas, und zwar manches, als Wahrheit voraus und stützt darauf ihre Bedenklichkeiten und Konsequenzen, was selbst vorher zu prüfen ist, ob es Wahrheit sei. Sie setzt nämlich *Vorstellungen* von dem *Erkennen* als einem *Werkzeuge* und *Medium*, auch einen *Unterschied unserer selbst von diesem Erkennen* voraus; vorzüglich aber dies, daß das Absolute *auf einer Seite* stehe und das *Erkennen auf der andern Seite* für sich und getrennt von dem Absoluten doch etwas Reelles [sei], oder hiermit, daß das Erkennen, welches, indem es außer dem Absoluten, wohl auch außer der Wahrheit ist, doch wahrhaft sei, – eine Annahme, wodurch das, was sich Furcht vor dem Irrtume nennt, sich eher als Furcht vor der Wahrheit zu erkennen gibt.« (3, 69 f.)

So beschreitet Hegel seinem eigenen Anspruch nach Kants »kritischen Weg« der Metaphysik nicht bloß zwischen Dogmatismus und Skeptizismus hindurch[58], sondern ganz in den Skeptizismus hinein und über ihn durch einen »sich vollbringenden Skeptizismus« (3, 72) hinaus, d.h. dadurch, daß sich der skeptische Zweifel, der sich wie bei Descartes auf alles und jedes bezieht, schließlich auch gegen sich selbst und seine eigenen unbezweifelten Prämissen richtet. Aber dies ist nicht »abstrakt« möglich, nicht vor und unabhängig von aller Erkenntnis, sondern nur erkennend; deshalb ist für Hegel der »sich vollbringende Skeptizismus« und der Prozeß der Erfahrung des Bewußtseins ein und derselbe Prozeß.

»Bewußtsein«

Die eindrucksvollen Formeln dieser immanenten Kritik der neuzeitlichen Erkenntniskritik lauten: »Mißtrauen in das Mißtrauen« und »Furcht vor dem Irrtum als Furcht vor der Wahrheit«; die Frage ist nur, ob Mißtrauen in das Mißtrauen ein verlorenes ursprüngliches Vertrauen wiederherzustellen vermag oder ob es genügt, nur keine Angst vor dem Irrtum mehr zu haben, damit man endlich wieder vertrauensvoll auf die Wahrheit zugehen kann. Beide Formulierungen reichen offenbar nicht aus, um die Erkenntniskritik kritisch zu entkräften, sondern sie sind nur die argumentative Eröffnung, bei der es Hegel nicht sein Bewenden haben läßt. Seine Kritik versucht, die Prämissen dieser Erkenntniskritik mit Argumenten zu korrigieren, und die betreffen die Grundbegriffe der kritizistischen Tradition seit Descartes selber: »Bewußtsein« und »Erfahrung«. Die Vorstellung, das Erkennen verhielte sich zum Absoluten wie ein Werkzeug zum Gegenstand oder wie ein Medium zum einfallenden Licht, womit dann auch noch die Voraussetzung eines Unterschieds zwischen uns selbst und dem Erkennen sowie zwischen dem Erkennen und dem Absoluten verbunden werde, führt Hegel auf einen irreführenden Begriff des Bewußtseins zurück. Für ihn steht fest: Ein Begriff des Bewußtseins, der wie bei Descartes allem Gegenständlichen bloß gegenübergestellt und so als eine Wissensgrundlage ausgegeben wird, hat in einer wahren Philosophie keinen Bestand; ihm kann keine Wahrheit zukommen. Für Hegel sind das Cartesianische *cogito*, die empiristische Tabula rasa eines leeren Bewußtseins vor aller Erfahrung, aber auch Kants reines »Ich denke« Chimären, abstrakte Kopfgeburten irregeführter Philosophen, die in keiner wirklichen Erfahrung vorkommen.

Was aber ist dann das Bewußtsein? Hier erinnert Hegel »an die abstrakten Bestimmungen des Wissens und der Wahrheit, wie sie an dem Bewußtsein vorkommen. Dieses *unterscheidet* nämlich etwas von sich, worauf es sich zugleich *bezieht*; oder wie dies ausgedrückt wird: es ist etwas *für dasselbe*; und die bestimmte Seite dieses *Beziehens* oder des *Seins* von etwas *für ein Bewußtsein* ist das *Wissen*. Von diesem Sein für Anderes unterscheiden wir aber das *Ansichsein*; das auf das Wissen Bezogene wird ebenso von ihm unterschieden und gesetzt als *seiend* auch außer dieser Beziehung: die Seite dieses Ansich heißt *Wahrheit*.« (3, 76)[59] Wissen und Wahrheit unterscheiden sich nach Hegel wie das Für-das-Bewußtsein-Sein vom Ansichsein des Seins;

Wissen ist das Bezogensein des Seins auf das Bewußtsein (Für-es-Sein oder relatives Sein), und Wahrheit meint die Unabhängigkeit des Seins vom Bewußtsein (Ansichsein oder objektives Sein). Die Pointe Hegels ist: Beide Bestimmungen des Seins – sein Ansichsein und sein Für-es-Sein – fallen in das Bewußtsein, denn es selbst ist ja beides, das Auf-sich-Beziehen und das Von-sich-Unterscheiden. Darum ist es nach Hegel verfehlt, mit Descartes oder Kant zu fragen, wie es möglich sei, daß sich ein vom Gegenstand radikal unterschiedenes Bewußtsein überhaupt auf Gegenstände beziehen könne, denn in Wahrheit sei es ja auf das, was es als Gegenstand von sich unterscheidet, immer schon bezogen. Darum bezeichnet Hegel das Bewußtsein terminologisch auch als An-und-Fürsichsein, und das meint: Das Bewußtsein ist ein Sein, *für* das etwas *an sich* ist – bezogen und unabhängig zugleich; und es ist nicht ein Sein vor oder neben dem An-und-Fürsichsein, sondern es ist dies selbst und gar nichts anderes. Darum ist es auch irrig, von einem »Unterschied unserer selbst« als *cogito* oder »Ich denke« gegenüber dem Erkennen auszugehen, denn als Bewußtsein sind wir das Erkennen.

Es ist nicht schwer zu sehen, daß Hegel mit diesen Formulierungen dem Bewußtsein eine Struktur zuspricht, durch die es die spekulative Grundfigur seines Denkens exemplifiziert. Das Bewußtsein ist die Einheit von Ansichsein und Fürsichsein, Unterscheidung und Beziehung, Differenz und Einheit, Nichtidentität und Identität. Gegen den Cartesianismus ist damit gesagt: Das Bewußtsein ist nicht hier und der Gegenstand dort, sondern es ist als Bewußtsein die Einheit von Bewußtsein und Gegenstand. Damit ist nach Hegel auch der Vorstellung der Boden entzogen, es könne außerhalb des An-und-Fürsichseins noch weiteres Ansichsein geben, das nicht in diese Einheit von Ansichsein und Fürsichsein falle, was das An-und-Fürsichsein als eine bloß relative Einheit von Bewußtsein und Gegenstand erweise: »Ansichsein«, d.h. die Bestimmung der Unabhängigkeit des Gegenstandes vom Bewußtsein gilt hier als eine Bestimmung des Bewußtseins selbst, die unabhängig vom Bewußtsein gar keinen Sinn macht; wenn ich überhaupt den Gedanken der Bewußtseinsunabhängigkeit von Gegenständen fasse, bin ich nach Hegel schon am Orte des Bewußtseins und nicht außerhalb.[60] Wenn wir diese Konzeption unplausibel finden, so weist uns Hegel darauf hin, daß wir dann das uns vertraute, vom Gegenstand unterschiedene Bewußtsein für das ganze Bewußtsein halten; wir vergessen dabei, daß wir uns auch des Unterschiedes des Gegenstandes von unserem Bewußtsein und des von ihm unterschiedenen Gegenstandes bewußt sind und dabei doch niemals den Umkreis des Bewußtseins verlassen. Das so bestimmte, ganze Bewußtsein hat nichts außer sich, es hängt von nichts Äußerem ab, und in diesem Sinne ist es absolut; tatsächlich ist Hegels Bewußtseinsbegriff nichts anderes als eine Umformung der ersten drei Grundsätze der Fichteschen *Wissenschaftslehre*, die das wahre, absolute ICH als die sich selbst setzende Einheit von ICH und Nicht-ICH darstellt. Genau in diesem Sinne vertritt Hegel einen Holismus (griech. *tò hólon* – das Ganze) des Bewußtseins. Alles ist Bewußtsein im Bewußtsein, auch der Gegenstand als das Andere des Bewußtseins; das richtig verstandene Bewußtsein ist absolutes Bewußtsein, und zwar von allem Anfang an: sogar schon als sinnliche Gewißheit. Warum aber dann »Phänomenologie des Geistes«, Wissenschaft des »erscheinenden Wissens«?

»Erfahrung«

Das Bewußtsein ist zunächst nur »an sich« und nicht »an und für sich« absolutes Wissen[61], d.h. es ist eigentlich absolut, aber es weiß dies noch nicht. Hier ist der systematische Ort der Erfahrung bei Hegel, die er gar nicht anders bestimmt denn als den Prozeß, in dem dem Bewußtsein durch seine eigene Anstrengung genau das »für es« wird, was es »an sich« je schon ist. Erfahrung ist aber aus Gründen des Holismus des Bewußtseins nicht ein Prozeß, in dem wie Aristoteles, Locke oder Kant zufolge bewußtseinsunabhängige Dinge auf unsere Sinne einwirken und dort Vorstellungen erzeugen; nach Hegel ist das eine bloße Gedankenlosigkeit, weil die vorausgesetzte Differenz zwischen Bewußtsein und Gegenstand als bewußte selbst eine Bestimmung des Bewußtseins ist und »in es« (3, 76) fällt. Gleichwohl ist diese Differenzbestimmung wichtig, weil ohne sie das Bewußtsein als platte Identität seiner selbst mit seinem Anderen ganz bestimmungslos wäre; zugleich erzeugt sie die Dynamik, die das Prozessuale des Bewußtseins ausmacht. Den Erfahrungsprozeß selbst beschreibt Hegel als eine »dialektische Bewegung« (3, 78), also als einen sich durch Widersprüche zwischen den Bewußtseinsbestimmungen selbst vorantreibenden Vorgang.[62] Im richtig verstandenen Bewußtsein sind ja Hegel zufolge Bewußtsein und Gegenstand als unterschiedene immer schon aufeinander bezogen; darum kann die Erfahrung als Veränderung des Bewußtseins auch den Gegenstand der Erfahrung nicht unverändert lassen. Deswegen charakterisiert Hegel die Erfahrung wie folgt: »Diese *dialektische* Bewegung, welche das Bewußtsein an ihm selbst, sowohl an einem Wissen als an seinem Gegenstande ausübt, *insofern ihm der neue wahre Gegenstand* daraus *entspringt*, ist eigentlich dasjenige, was *Erfahrung* genannt wird.« (3, 78) Wie diese doppelte, vom Bewußtsein an ihm selbst und an seinem Gegenstand ausgeübte Bewegung verläuft, beschreibt er so:

»Das Bewußtsein weiß *etwas*, dieser Gegenstand ist das Wesen oder das *Ansich*; er ist aber auch für das Bewußtsein das *Ansich*; damit tritt die

Zweideutigkeit dieses Wahren ein. Wir sehen, daß das Bewußtsein jetzt zwei Gegenstände hat, den einen das erste *Ansich*, den zweiten das *Für-es-Sein* dieses *Ansich*. Der letztere scheint zunächst nur die Reflexion des Bewußtseins in sich selbst zu sein, ein Vorstellen nicht eines Gegenstandes, sondern nur seines Wissens von jenem ersten. Allein wie vorhin gezeigt worden, ändert sich ihm dabei der erste Gegenstand; er hört auf, das Ansich zu sein, und wird ihm zu einem solchen, der nur *für* es das *Ansich* ist; somit aber ist dann dies: *das Für-es-Sein dieses Ansich*, das Wahre, das heißt aber, dies ist das *Wesen* oder sein *Gegenstand*. Dieser neue Gegenstand enthält die Nichtigkeit des ersten, er ist die über ihn gemachte Erfahrung.« (3, 78 f.)

Irritierend ist in diesem Text die Substantivierung der Verhältnisbestimmung »an sich« zum »Ansich«, aber damit ist nichts anderes gemeint als das Ansichsein des Gegenstandes im Sinne seiner vermeinten Unabhängigkeit vom erkennenden Bewußtsein. So verstehen wir ja auch »Objektivität« und »Wahrheit«: Es macht keinen Sinn zu sagen, etwas sei wahr oder objektiv nur für jemanden und sein Bewußtsein. Hegels »Ansich« ist somit ein Kurzausdruck für die ansichseiende, d.h. objektive Gegenständlichkeit, die das Bewußtsein im Wissen vor sich zu haben meint. Die »Reflexion des Bewußtseins in sich« ist nichts anderes als die Aufmerksamkeit des Bewußtseins auf den subjektiven Zustand, in dem es sich befindet, wenn es das »Ansich« vor sich hat, und da bemerkt es, daß dieses »Ansich« nur *»für es das Ansich ist«*, und dieses *»Für-es-Sein dieses Ansich«* tritt an die Stelle des ersten, unreflektierten oder naiven »Ansich«. Damit ist die zunächst auftretende »Zweideutigkeit« oder die scheinbare Verdoppelung des »Ansich« zugunsten der reicheren Bestimmung »Für-es-Sein des Ansich« aufgelöst, und die Differenz zwischen dem ersten und dem zweiten »Ansich« macht die Erfahrung aus, die das Bewußtsein in seinem eigenen Umkreis über den Gegenstand gemacht hat. Im weiteren Textverlauf verweist Hegel darauf, daß die Brücke zwischen dem ersten und dem zweiten Gegenstand die bestimmte Negation bildet: Nur durch sie ist zu verstehen, warum der »neue Gegenstand [...] die Nichtigkeit des ersten« (3, 78) enthält, also das in seinem reinen, vom Bewußtsein unabhängigen Ansichsein negierte »Ansich« gleichwohl im Fürsichsein des Bewußtseins enthalten ist – nunmehr als für-es-seiendes »Ansich«.

Die Rolle der bestimmten Negation, die Hegel ihr im Erfahrungsprozeß zuweist, erklärt auch, warum dieser als »dialektische«, als in sich widersprüchliche Bewegung aufzufassen ist. Diese Widersprüchlichkeit bedeutet, daß die Erfahrung nicht ein einfacher Akkumulationsprozeß von Kenntnissen ist, sondern durch das Auftreten von Diskrepanzen zwischen dem Gemeinten und dem Wahren und deren Auflösung vorangetrieben wird; das Verhältnis zwischem dem ersten und dem zweiten »Ansich« war dafür ein Modell. »Dialektisch« ist die Erfahrung nach Hegel auch dadurch, daß sich durch die bestimmte Negation im Resultat des jeweiligen Erfahrungsschrittes der Widerspruch forterbt, denn das Für-es-Sein des »Ansich« ist ja keine platte Identität, sondern enthält in der Einheit von Ansichsein und Für-das-Bewußtsein-Sein auch die Differenz zwischen beiden Bestimmungen; damit bleibt nach Hegel auf jeder Erfahrungsstufe die spekulative Grundfigur der »Identität der Identität und Nichtidentität« präsent und erzeugt zugleich die Dynamik des Fortschreitens der Erfahrung. Sieht man auf die *PhG* als Ganzes, dann wird deutlich: Gerade die Stadien des Erfahrungsweges, in denen das Bewußtsein meint, die unterschiedslose Einheit seiner selbst mit dem Gegenstand erreicht zu haben, sind die Einbruchstellen der härtesten Diskrepanzen; dies gilt auch für das »absolute Wissen«, auf das nach Hegel notwendig der Eintritt in die Wissenschaft der Logik erfolgt.

Diese Konzeption der Erfahrung als eines dialektischen, immanent durch Widersprüche vorangetriebenen Prozesses bedeutet zugleich, daß das, was die cartesianische Tradition als Erkenntniskritik der metaphysischen und wissenschaftlichen Erkenntnis vorordnen oder nachträglich hinzufügen wollte, Hegel zufolge in den richtig verstandenen Erkenntnisprozeß selbst hineingehört; die Formulierung »sich vollbringender Skeptizismus« gewinnt so einen präziseren Sinn. Denn es ist ja nicht so, daß das Ansichsein oder die Wahrheit auf der einen Seite stünden und das Für-das-Bewußtsein-Sein oder das Wissen auf der anderen und wir als kritische Philosophen dann nachträglich jenes Ansichsein als den Maßstab der Wahrheit an das Wissen herantragen müßten:

»Das Bewußtsein gibt seinen Maßstab an ihm selbst, und die Untersuchung wird dadurch eine Vergleichung seiner mit sich selbst sein; denn die Unterscheidung, welche soeben gemacht worden ist [zwischen der Wahrheit und dem Wissen], fällt in es. Es ist in ihm eines *für ein Anderes*, oder es hat überhaupt die Bestimmung des Moments des Wissens an ihm; zugleich ist ihm dies Andere nicht nur *für es*, sondern auch außer dieser Beziehung oder *an sich*; das Moment der Wahrheit. An dem also, was das Bewußtsein innerhalb seiner für das *Ansich* oder das *Wahre* erklärt, haben wir den Maßstab, den es selbst aufstellt, sein Wissen daran zu messen. Nennen wir das *Wissen* den *Begriff*, das Wesen oder das Wahre aber das Seiende oder den *Gegenstand*, so besteht die Prüfung darin, zuzusehen, ob der Begriff dem Gegenstande entspricht. Nennen wir aber das Wesen oder das Ansich *des Gegenstandes den Begriff* und verstehen dagegen unter dem *Gegenstande* ihn als *Gegenstand*, nämlich wie er *für ein Anderes* ist, so besteht die Prüfung darin, daß wir zusehen, ob der Gegenstand seinem Begriffe entspricht. Man sieht wohl, daß beides dasselbe ist; das Wesentliche aber ist, dies für die ganze Untersuchung festzuhalten, daß diese beiden Momente, *Begriff* und *Gegenstand*, *Für-ein-Anderes-* und *Ansich-selbst-Sein*, in das Wissen, das wir untersuchen, selbst fallen und hiermit wir nicht nötig haben, Maßstäbe mitzubringen und *unsere* Einfälle und Gedanken bei der Untersuchung zu applizieren; dadurch, daß wir diese weglassen, erreichen wir es, die Sache, wie sie *an* und *für sich* selbst ist, zu betrachten.« (3, 77)

Es wird hier deutlich, daß für Hegel die richtig verstandene Erkenntniskritik nur als immanente Kritik der Erkenntnis am Orte des erkennenden Bewußtseins sinnvoll ist und nicht anders, d.h., die Erfahrung des Bewußtseins umfaßt nicht nur sich selbst und sein Anderes, den Gegenstand, sondern auch die Einheit von Erkenntnis und Erkenntniskritik. Daraus folgt ein prinzipielles Argument gegen Erkenntnistheorie[63] im herkömmlichen Sinn, das Hegelianer bis heute immer attraktiv fanden: Wir brauchen keine externe Erkenntnistheorie, sondern die beste Erkenntnistheorie ist die Erkenntnis selber, wenn sie »dialektisch« im Sinne Hegels aufgefaßt wird. Es geht dabei nicht darum, dem naiven Draufloserkennen das Wort zu reden; vielmehr ist der Erkenntnisprozeß selbst so zu bestimmen und zu organisieren, daß Erkenntniskritik in ihm selbst stattfindet – als immanente Erkenntniskritik im Modus der bestimmten Negation. Diese Kritik ist nach Hegel als immanente deswegen möglich, weil Wissen (Begriff) und Maßstab des Wissens (Gegenstand), Für-das-Bewußtsein-Sein und Ansichsein des Wahren in das Bewußtsein selbst fallen, und dann ist es in der Tat gleichgültig, ob der Begriff am Gegenstand kritisch überprüft wird oder umgekehrt. Die Prüfung des Wissens ist dann nichts, was der Philosoph als Erkenntniskritiker erst veranstalten müßte; ihm bleibt angesichts der immanenten Kritik, die in der Erfahrung des Bewußtseins selbst stattfindet, nur »das reine Zusehen« (3, 77). Hier wird erneut klar, warum das, was man Hegels Erkenntnistheorie nennen könnte, als Phänomenologie auftritt: Wenn wir die Maßstäbe des Wissens und den Prüfungsprozeß dem Bewußtsein, dessen Erfahrung wir untersuchen, selbst überlassen, »erreichen wir es, die Sache, wie sie *an* und *für sich* selbst ist, zu betrachten« (3, 77).

Diese dialektische Vereinigung von Erkenntnis und Erkenntniskritik in der *PhG* setzt freilich den angedeuteten Holismus des Bewußtseins selbst schon voraus, mithin die Deutung auch des Bewußtseins im Lichte der spekulativen Grundfigur. Für die Theorie der Erfahrung selbst hat dies erhebliche Konsequenzen, denn der Holismus des Bewußtseins bedingt zugleich einen Holismus der Erfahrung, und das heißt: Sie umfaßt nicht nur den ganzen Weg von der sinnlichen Gewißheit zum absoluten Wissen, sondern auch all das, was dem Bewußtsein auf diesem Wege begegnet, und das ist, weil es am Schluß tatsächlich beim absoluten Wissen angelangt sein soll, das Absolute selber, denn absolutes Wissen ist Wissen des Absoluten. Das Wissen des Absoluten aber ist nach Hegel das Wissen des Wahren im emphatischen Wortsinn, denn »das Wahre ist das Ganze« (3, 24). Es ist das Ganze, weil das Wahre, sofern es der Gegenstand wissenschaftlichen Wissens sein soll, »nur als System möglich ist« (3, 28), und dieser Singular impliziert den Anspruch der systematischen Vollständigkeit, denn gäbe es mehrere Systeme, bliebe die Frage nach deren Systematisierung offen, die eben nur in einem System aller Systeme beantwortet werden könnte. Den Verdacht, daß das alles »bloße« Spekulation sei, kann Hegel mit dem Hinweis zurückweisen, daß dieses absolute System des Wahren als des Ganzen in der *PhG* zugleich als das System der Erfahrung des Bewußtseins präsentiert werde; auf diese Weise tritt Hegels absoluter Idealismus zugleich als absoluter Empirismus auf.[64]

Das System der Erfahrung des Bewußtseins

Der Anspruch der *PhG*, ein vollständiges System der Erfahrung des Bewußtseins zu exponieren, das sich im Resultat als System des erfahrenen Wissens des Absoluten erweist, bedeutet auch, daß Hegels Erfahrungsbegriff weit über das hinausreicht, was im Empirismus oder bei Kant unter »Erfahrung« verstanden wurde. Natürlich ist davon hier auch die Rede, aber nur in den ersten Kapiteln unter der Überschrift »A. Bewußtsein: I. Die sinnliche Gewißheit oder das Diese und das Meinen; II. Die Wahrnehmung oder das Ding und die Täuschung; III. Kraft und Verstand, Erscheinung und übersinnliche Welt.« (3, 82ff.) Hier erhebt Hegel den Anspruch, die Erfahrungstheorie des klassischen Empirismus und der Kritischen Philosophie Kants in Grundzügen »dialektisch« dargestellt zu haben, d.h. nicht in der Gestalt der Aufzählung ihrer Prinzipien, sondern genetisch in der Abfolge von Bewußtseinsformationen, die sich durch innere Widersprüche auseinander ergeben. Schon die Überschriften deuten dies an: Das sinnlich-gewisse »Diese« oder »Dies-da« (*tò de tí* des Aristoteles) erweist sich als bloße Meinung, das wahrgenommene Ding, auf das sich der Empirismus verläßt, als Täuschung und die Kantische Erscheinung als von übersinnlichen, d.h. nichterfahrbaren Kräften konstituiert, die der Verstand projiziert.[65]

Der Abschnitt »B. Selbstbewußtsein« ist in zweierlei Hinsicht bemerkenswert. Zunächst führt er unmittelbar aus der solipsistischen, jeweils privaten Perspektive des Bewußtseins heraus und eröffnet die Erfahrung der Intersubjektivität; damit ist Hegel zufolge unmittelbar der Übergang von der theoretischen in die praktische Philosophie verbunden. Seine These ist, daß durch die Dialektik des Verstandes selbst sich im Ergebnis das herausbildet, was Descartes mit dem *cogito* oder Kant mit dem »Ich denke« bloß vorausgesetzt hatten – das Selbstbewußtsein. Durch die Erfahrung, daß das Wissen und das »Ansich«, der Begriff und der Gegenstand sich in der Erfahrung des Bewußtseins als Verstand schließlich als dasselbe erweisen, sei das Bewußtsein zum Selbstbewußtsein gekommen, d.h., es habe den philosophischen Gedanken des Ich erfaßt: »Ich ist der Inhalt der Beziehung [von Bewußtsein und Gegenstand] und das Beziehen selbst; es ist es selbst gegen ein Anderes, und greift zugleich über das Andere über, das für es nur es selbst ist.« (3, 137f.) Nach Hegel wird das Bewußtsein dadurch zum Selbstbewußtsein, daß es durch seine eigene Erfahrung begreift, daß es als Bewußtsein die spekulative Grundfigur der »Identität der Identität und Nichtidentität« exemplifiziert, und darum sagt Hegel: »Mit dem Selbstbewußtsein sind wir also nun in das einheimische Reich der Wahrheit eingetreten.« (3, 138) Somit wird hier zum ersten Mal das Wahre als das Ganze erfaßt, als die absolute Einheit der unterschiedenen »Momente« von Erfahrung überhaupt. Aber damit ist der Erfahrungsprozeß nicht zu Ende, sondern nach dem Prinzip der bestimmten Negation der Differenz zwischen Bewußtsein und Gegenstand stellt sich diese auf dem erreichten Niveau notwendig wieder her: nun als Unterschied zwischen dem Selbstbewußtsein und einem anderen Selbstbewußtsein.

Dieser Übergang ist einer der dunkelsten in der gesamten *PhG*, und man kann ihn wohl nur mit externen Hinweisen plausibel machen. Zum einen kann man anführen, daß Selbstbewußtsein auch Bewußtsein ist, daß es Bewußtsein von etwas ist oder auf einen Gegenstand bezogen sein muß, um möglich zu sein; es kann aber nur Bewußtsein des Selbst sein, wenn sein Gegenstand ihm gleicht, d.h. auch Selbstbewußtsein ist. Damit läßt sich auch der moderne, vor allem von George Herbert Mead[66] ausgearbeitete Gedanke verbinden, daß »reine«, voraussetzungslose Subjektivität, wie sie Descartes, der Empirismus, Kant und auch der frühe Husserl in Anspruch nehmen, gar nicht möglich ist, daß es immer schon intersubjektive Voraussetzungen gibt, die Hegel bereits zutage fördert, wenn auch mit dialektischen und nicht sozialpsychologischen Argumenten.

Der Übergang von der bloß theoretischen zur praktischen Erfahrung des Bewußtseins im Übergang zum Selbstbewußtsein läßt sich besser erklären. Hegel folgt hier sehr genau dem Vorbild des Fichteschen Systems, das die Vollendung des theoretischen Teils der Philosophie unmittelbar als Übergang in den praktischen präsentiert, aber mit anderen Argumenten. Das Praktische kommt hier dadurch ins Spiel, daß die Erkenntnis des anderen Selbstbewußtseins als seinesgleichen das selbstbewußte Bewußtsein mit dem Problem der Anerkennung des anderen als Selbstbewußtsein konfrontiert, und die ist per definitionem ausgeschlossen. Das Bewußtsein, das in der Dialektik der theoretischen Erfahrung sich selbst als die vollständige Einheit seiner selbst mit der Gegenständlichkeit erfaßt hat, kann kein anderes Bewußtsein anerkennen, das dasselbe zu sein beansprucht, was es selbst zu sein behauptet: Selbstbewußtsein nach dem Modell der spekulativen Grundfigur. Darum geht nach Hegel die Beziehung der Selbstbewußtsein(e) notwendig in einen Kampf um Anerkennung auf Leben und Tod über. (Vgl. 3, 145) Es ist nicht schwer, hier den »Krieg aller gegen alle (*bellum omnium contra omnes*)« des Hobbesschen Naturzustandes wiederzuerkennen, und auch Fichte hatte die gegenseitige Anerkennung der autonomen Personen, die ja eigentlich mit der Idee der unbedingten Autonomie unvereinbar ist, als ein Grundproblem der praktischen Philosophie überhaupt angeführt.[67] In Hegels praktischer Philosophie bleibt das Anerkennungsthema, das hier seit den Jenaer Systementwürfen im Mittelpunkt steht, immer erhalten[68]; in der *PhG* aber wird es als ein dynamisches wirklich durchgeführt. Der Kampf um Anerkennung wird hier nicht wie das *bellum omnium contra omnes* bei Hobbes durch einen allmächtigen Souverän befriedet, sondern wirklich durchgekämpft. Das Resultat ist die Differenz zwischen dem Herrn und dem Knecht, d.h. zwischen dem Selbstbewußtsein, das sich behauptet hat, und dem, das sich unterwirft, um am Leben zu bleiben, freilich um den Preis der Unselbständigkeit. Daraus ergibt sich nach Hegel die berühmte und unzählig oft referierte und kommentierte Dialektik von Herrschaft und Knechtschaft, die dadurch in Gang kommt, daß der Herr den Knecht zur Arbeit zwingt, und das bedeutet: Er gibt ihm seine Unselbständigkeit dadurch zu fühlen, daß er ihn mit der Selbständigkeit und Widerständigkeit der Dinge der Außenwelt zusammenschließt; genau dadurch aber macht der Herr sich vom Knecht abhängig, weil er ja auch, um leben zu können, der Dinge bedarf, die ihm der Knecht durch seine Arbeit bereitstellt. So macht sich der Herr im Effekt zum Knecht des Knechtes, und er eröffnet ihm zudem die Chance einer höheren Erfahrung der Freiheit des Selbstbewußtseins, die dem Herrn verschlossen bleiben muß – die Erfahrung der Unselbständigkeit der Außenweltdinge durch die Arbeit, die deren Selbständigkeit wegarbeitet und überwindet. Das Ergebnis dieser Erfahrung ist nach Hegel die Freiheit im Denken und ihre Dialektik, wie sie historisch im Stoizismus, dem Skeptizismus und dem »unglücklichen Bewußtsein« in sich zerrissener Subjektivität vieler Ausprägungen aufgetreten sei.

Schon der junge Marx glaubte, im Selbstbewußtseins-Kapitel der *PhG* eine Strukturtheorie der Klassenkämpfe entdeckt zu haben, aus denen dem *Kommunistischen Manifest* zufolge alle bisherige Geschichte besteht[69]; darum hat die marxistische Hegel-Lektüre diesen Abschnitt fast immer nicht nur geschichtsphilosophisch gedeutet, sondern ihn darüber hinaus zum Schlüsseltext der gesamten Hegelschen Philosophie erhoben. Natürlich liegt es nahe, den Stoizismus und antiken Skeptizismus sozialgeschichtlich mit der Sklavenwirtschaft des antiken Griechenland in Zusammenhang zu bringen, und »Arbeit macht frei« war längst vor Hitlers Konzentrationslagern, über deren Eingang das zu lesen war, ein bürgerliches Prinzip; aber beide Hinweise tragen nicht weit, denn weder haben die antiken Sklaven die Freiheit ihrer freien Herren »weggearbeitet«, noch hat das Bürgertum ausschließlich dadurch, daß es arbeiten mußte, die Aristokratie, die nicht arbeiten mußte, und damit den Feudalismus beseitigt. Diese Sicht der Dinge ist unhaltbar, und Hegel selbst hat in seinen geschichtsphilosophischen Rekonstruktionen in der *PhG* und in seinen späten *Vorlesungen zur Philosophie der Weltgeschichte* von der Herrschafts-Knechtschafts-Dialektik keinen Gebrauch gemacht. In der *PhG* entwickelt Hegel das Anerkennungsproblem und seine dialektische Lösung ausschließlich in seiner Bedeutung für die Freiheit des Denkens, und dabei sollten wir es auch belassen. Die These bleibt interessant genug: Freiheit erfahre ich demzufolge im Medium des Denkens nur nach der tätigen Bewältigung der Probleme der Intersubjektivität und der Unabhängigkeit der Außenwelt. Dabei exponiert Hegel seinen Freiheitsbegriff, der der Schlüssel zu seiner gesamten praktischen Philosophie ist: »Im Denken *bin* Ich *frei*, weil ich nicht in einem Anderen bin, sondern schlechthin bei mir selbst bleibe und der Gegenstand, der mir das Wesen ist, in ungetrennter Einheit mein Fürsichsein ist; und meine Bewegung in Begriffen ist eine Bewegung in mir selbst.« (3, 156) Freiheit ist Hegel zufolge Beisichsein im Anderssein, ohne Aufhebung des Andersseins, und darin ist ohne Mühe die spekulative Grundfigur wiederzuerkennen; wenn sie die Struktur der Wahrheit ausmacht, dann ist sie zugleich die der Freiheit, und somit zeichnet sie auch die Einheit von theoretischer und praktischer Philosophie in Hegels System vor.

Die Dialektik des »unglücklichen Bewußtseins« führt die Erfahrung des Bewußtseins auf das Niveau der Vernunft (vgl. 3, 178 ff.), die gemäß der Architektur der *PhG* als Einheit von Bewußtsein und Selbstbewußtsein zu bestimmen ist. Die spekulative Grundfigur, der zufolge das Bewußtsein als Gegenstandsbewußtsein die Einheit von Bewußtsein und Gegenstand ist, wiederholt sich hier auf höherer Stufe – nun als die selbstbewußte Einheit von Bewußtsein und Gegenstand, so daß die Vernunft nach Hegel genauer so zu bestimmen ist, daß sie Selbstbewußtsein ist, das sich seiner selbst als Einheit von Selbst- und Gegenstandsbewußtsein bewußt ist. Hier hat laut Hegel das Bewußtsein die Stufe des Fichteschen Idealismus erreicht: »Die Vernunft ist die Gewißheit des Bewußtseins, alle Realität zu sein; so spricht der Idealismus ihren Begriff aus. Wie das Bewußtsein, das als Vernunft *auftritt*, *unmittelbar* jene Gewißheit an sich hat, so spricht auch der *Idealismus* sie *unmittelbar* aus: Ich bin Ich.« (3, 179) Die darin enthaltene Fichte-Kritik ist unübersehbar: Der Anfang seiner *Wissenschaftslehre*, die in der Tat mit dem »Ich bin Ich« anhebt, scheint nur ein unmittelbarer Anfang zu sein, und für diesen Anschein kann man nach Hegel sogar noch eine Erklärung geben. In Wahrheit setzt er einen komplizierten Erfahrungsprozeß des Bewußtseins voraus, der sich in der Folge-Dialektik des »Ich bin Ich« wieder Geltung verschafft, und dies führt die *PhG* sehr detailliert aus. (Vgl. 3, 178-324) Die dann folgenden Großkapitel »Der Geist«, »Die Religion« und »Das absolute Wissen« stellen die Interpretation zunächst vor ein architektonisches Problem. Der formalen Gliederung der *PhG* zufolge handelt es sich dabei um Unterkapitel des Abschnitts »Die Vernunft«, und dies ist auch plausibel, weil erst hier das spekulative Niveau des Idealismus im Sinne der philosophischen Strömung betreten wurde, die wir uns als »deutschen Idealismus« zu bezeichnen angewöhnt haben – Kant gehört *nicht* dazu. Auf der anderen Seite geht Hegel im Kapitel »Der Geist« von der bisherigen dialektischen Analyse bestimmter Bewußtseinsgestalten sehr unvermittelt zu geschichts- und sozialphilosophischen Betrachtungen über, die beanspruchen, den philosophischen Gehalt der Vorgeschichte der Gegenwart in seiner Bedeutung für die Erfahrung des zeitgenössischen Bewußtseins systematisch zu entwickeln. Natürlich ist es plausibel, daß man, wenn man im Ernst eine systematische, auf das Ganze ausgreifende Wissenschaft von der Erfahrung des Bewußtseins ins Auge faßt, die realgeschichtlichen Erfahrungen nicht unberücksichtigt lassen darf; die Frage ist nur, wie man den Überstieg vom Bewußtseinsthema in den geschichtlichen Bereich ohne theoretische Willkür als immanent-notwendig darstellen kann.

Hegels Antwort ergibt sich hier aus seiner Konzeption des Geistes. »Geist« bedeutet bei ihm nicht, was Marx und die Marxisten Hegel bis heute ankreiden, bloß Bewußtsein und erst recht nichts rein Spirituelles, dem man das Materielle entgegenhalten könnte, vielmehr hat Hegels Wortverwendung ihr Vorbild sowohl bei Montesquieus »Geist der Gesetze (*l'esprit des lois*)« wie bei Herders »Volksgeist«. Hier wie da ist nichts Gespenstisches oder Gasförmiges gemeint, das unabhängig von der Wirklichkeit eines Staates oder Volkes für sich existieren könnte, sondern die Art und Weise, wie die Gesetze in einem Staat oder die Sitten und Gebräuche in einem Volk lebendig sind[70], und dies wiederum ist nichts anderes als deren rechtliche bzw. alltägliche Lebensweise. Genau in diesem Sinne sagt Hegel: »Der Geist ist das *sittliche* Leben eines Volks« (3, 326), wobei mit »sittlich« zunächst nur die »Sitten« (lat. *mores*) gemeint sind, und nicht schon das Moralische im engeren Sinn.[71] In den meisten Fällen, in denen Hegel das Wort »Geist« verwendet, können wir den Ausdruck »Kultur« einsetzen, der zu Hegels Zeit noch nicht als allgemeiner Terminus existierte.[72] Nach Hegel ist der Geist »das Individuum, das eine Welt ist« (3, 326). Er ist eine jeweils individuelle Welt im Sinne Herders, der mit großem Nachdruck gegenüber den Universalitätsansprüchen der Aufklärungsphilosophie auf der Individualität der verschiedenen »Volksgeister« bestanden hat, und damit sind stets Volkskulturen gemeint; zugleich findet sich das Individuum auf der Stufe des Geistes in einer Welt vor, die ihm nicht fremd ist, weil es seine Welt ist. Bestätigt wird diese Deutung durch den Satz, mit dem Hegel das Geist-Kapitel eröffnet: »Die Vernunft ist Geist, indem die Gewißheit, alle Realität zu sein, zur Wahrheit erhoben und sie sich ihrer selbst als ihrer Welt und der Welt als ihrer selbst bewußt ist.« (3, 324) In der Reihe der Bewußtseinsgestalten, deren Aufeinanderfolge die *PhG* nachzeichnet, soll der Geist aus der Vernunft dadurch hervorgehen, daß die idealistische »Gewißheit, alle Realität zu sein, zur Wahrheit erhoben« wird, und dies geschieht Hegel zufolge durch die schon erwähnte immanente Dialektik der abstrakten Vernunft des »Ich bin Ich«. Was hier geschieht, kann man in grober Vereinfachung im Resultat als eine immanente Vermittlung der theoretischen und praktischen Vernunft bestimmen, d.h. als die Auflösung des (in der Sicht Schellings und Hegels) von Kant und Fichte unaufgelöst hinterlassenen Problems der Einheit der Vernunft.

Freilich bleibt es schwierig zu verstehen, warum Hegel die zugleich theoretische und praktische Vernunft nicht einfach als absolute Vernunft bestimmt, sondern die Ebene der Bewußtseinsbestimmungen verläßt und das Resultat der Vernunftdialektik als Geist i.S.v. »Kultur« präsentiert. Einen Hinweis gibt die Zwischenüberschrift im Vernunft-Kapitel der *PhG*: »B. Die Verwirklichung des vernünftigen Selbstbewußtseins durch sich selbst« (3, 263). Das »vernünftige Selbstbewußtsein« ist das Resultat der »beobachtenden Vernunft« (3, 185 ff.), also der Vernunft in theoretischer Einstellung, und es ist ein von Fichte überkommener und von Hegel stets festgehaltener Gedanke, der dann auch bei Marx eine wichtige Rolle spielt: daß die Vollendung des Theoretischen selbst die Vernunft unmittelbar dazu nötigt, praktisch zu werden[73], und dies im Sinne einer selbstbestimmten Selbstverwirklichung. Wenn aber dann dieses Praktisch-Sein der Vernunft selbst an sein Ende gekommen ist, kann das Bewußtsein die objektive Welt als Resultat ihrer eigenen Selbstverwirklichung begreifen, und dies ist nach Hegel genau das Niveau des Geistes: Geist als »das Individuum, das eine Welt ist«. So heißt es: »[...] der Geist aber ist die sittliche Wirklichkeit. Er ist das Selbst des wirklichen Bewußtseins, dem er oder vielmehr das sich als gegenständliche wirkliche Welt gegenübertritt, welche aber ebenso für das Selbst alle Bedeutung eines Fremden, so wie das Selbst alle Bedeutung eines von ihr getrennten, abhängigen oder unabhängigen Fürsichseins verloren hat.« (3, 325)

Der dritte Abschnitt des Vernunft-Kapitels, »Die Individualität, welche an und für sich reell ist« (3, 292 ff.), sorgt freilich dafür, daß die Bäume des individuellen Bewußtseins dabei nicht in den Himmel wachsen. Zwar erfährt es hier die Welt schon als seine Welt; zugleich aber wird ihm klar, wie wenig es als individuelles Bewußtsein dieser Welt hinzufügen kann. Die Abschnitte über die »gesetzgebende« und die »gesetzprüfende Vernunft« (3, 311 ff.) enthalten Hegels Kritik am angeblichen Formalismus der Kantischen Ethik[74]; aus ihr folgert er die Unmöglichkeit, in der Perspektive einer »reinen«, d.h. erfahrungsunabhängigen Vernunft irgendwelche sittlichen Bestimmungen abzuleiten. Daraus folgt für Hegel: Zwar kann das Bewußtsein auf der Ebene des Geistes die Welt als seine Welt erfahren; zugleich aber stammen alle konkreten Bestimmungen dieser Welt nicht aus ihm als individuellem Bewußtsein, sondern aus dem Gesamtzusammenhang des Geistes. In unsere Sprache übersetzt bedeutet dies die These vom Primat der Kultur gegenüber dem Individuum, das sich in seiner Kultur heimisch fühlen kann, weil es ihr entstammt und sie ihm deswegen vertraut ist; die Vorstellung hingegen, die Kultur sei sein Werk, erweist sich notwendig als irrig und verblendet. Genau in diesem Sinn hat

Hegel auch die Kantische und Fichtesche Vorstellung einer sittlichen Gesetzgebung oder -prüfung aus »reiner« Vernunft, die ja nur im Individuum situiert sein könnte, als haltlos und sogar unsittlich gebrandmarkt. (Vgl. 2, 459 ff.)

Das Geist-Kapitel der *PhG* enthält somit Hegels Kulturphilosophie, die man deswegen als eine spekulative Kulturphilosophie bezeichnen kann, weil sie in der Perspektive der spekulativen Grundfigur entworfen ist; der Holismus des Bewußtseins ist hier zum kulturellen Holismus erweitert. Schon in den *Wissenschaftlichen Behandlungsarten des Naturrechts (WBN)* (1802/03) hatte Hegel die praktisch-sittliche Wirklichkeit des nur spekulativ faßbaren Absoluten so bestimmt; »so setzen wir das Positive voraus, daß die absolute sittliche Totalität nichts anderes als ein Volk ist« (2, 481). An die Stelle von »Volk« tritt in der *PhG* der Geist als »das Individuum, das eine Welt ist« (3, 326), und wenn wir »Geist« mit »Kultur« übersetzen, dann ist der Geist in der *PhG* eine individuelle kulturelle Welt, die die Individuen jeweils mit ihrer ihnen vertrauten Welt zusammenschließt, woraus sich – verstärkt durch das Formalismus-Argument – der eindeutige Primat der jeweiligen individuellen Welt gegenüber den ihr angehörenden Individuen ergibt. Diese Kulturphilosophie der *PhG* ist wegen ihrer dialektisch-genetischen Methode zugleich Geschichtsphilosophie, und gegenüber den späteren *Vorlesungen über die Philosophie der Geschichte* (vgl. TWA 11) hat sie den Vorzug, sich viel weniger an die politische Ereignisgeschichte zu binden und so die kulturellen und mentalen Strukturveränderungen in den Vordergrund zu stellen.

Daß Hegel zudem den Begriff des Geistes aus der Dialektik der fortgeschrittensten Bewußtseinsformen seiner Zeit – vor allem des zeitgenössischen Idealismus – gewinnt, deutet darauf hin, daß die Geist- bzw. Kulturphilosophie der *PhG* im Medium der Dialektik des Geistes zugleich die Vorgeschichte der eigenen kulturellen Gegenwart zu entwickeln und eine immanente Kritik der Moderne vorzutragen beansprucht. Die »logische« Basis dieser Konstruktion ist eine sein gesamtes System bestimmende Gedankenfigur, der zufolge die wahre Begründung eines zu Begründenden nichts anderes sei als das Zurückgehen in dessen Grund.[75] Im Verlauf der *PhG* erscheint der Geist als dasjenige, das durch die Dialektik des Bewußtseins von der sinnlichen Gewißheit bis zur Vernunft erst zu begründen ist; in Wahrheit aber werde dadurch überhaupt erst der Grund aufgedeckt, der all diese Bewußtseinsgestalten je schon trägt: »Der Geist ist hiermit das sich selbst tragende, absolute reale Wesen. Alle bisherigen Gestalten des Bewußtseins sind Abstraktionen desselben; sie sind dies, daß er sich analysiert, seine Momente unterscheidet und bei einzelnen verweilt. Dies Isolieren solcher Momente hat ihn selbst zur *Voraussetzung* und zum *Bestehen*, oder es existiert nur in ihm, der die Existenz ist. Sie haben so isoliert den Schein, als ob sie als solche *wären*; aber wie sie nur Momente oder verschwindende Größen sind, zeigte ihre Fortwälzung und Rückgang in ihren Grund und Wesen; und dies Wesen eben ist diese Bewegung und Auflösung dieser Momente.« (3, 325 f.)

Die These, daß die Gegenstände der herkömmlichen Bewußtseinsphilosophie, die die *PhG* zuvor in ihren erkenntnistheoretischen und moralphilosophischen Abschnitten abhandelte, ihren wahren Grund im »Geist«, d.h. im Ganzen der geistigen oder kulturellen Wirklichkeit haben, die man nur begreift, wenn man sie geschichtlich versteht, hat besonders in der marxistischen Tradition fortgewirkt. Nach der materialistischen Wende vom angeblich idealistischen »Geist« Hegels zur Gesellschaft beim frühen Marx galt hier allgemein als ausgemacht, daß die Bewußtseinsphänomene in Wahrheit gesellschaftliche sind; also müsse es darum gehen, nicht bei der »abstrakten« Erkenntnis-

oder Moraltheorie stehenzubleiben, sondern sie auf gesellschaftstheoretische Grundlagen zu stellen.[76]

Es ist hier nicht möglich, Hegels spekulative Kulturphilosophie, wie sie sich im Geist-Kapitel der *PhG* findet, ausführlich zu referieren; einige Hinweis müssen genügen. Das »*sittliche Leben* eines *Volks*« zu sein ist die erste Bestimmung des Geistes, »insofern er die *unmittelbare Wahrheit* ist« (3, 326). Wie auf allen früheren Stufen der Erfahrung des Bewußtseins muß auch hier die Unmittelbarkeit des ersten Auftretens der neuen Gestalt notwendig verlassen werden, d.h., der Geist als das »Individuum, das eine Welt ist, [...] muß zum Bewußtsein über das, was er unmittelbar ist, fortgehen, das schöne sittliche Leben aufheben und durch eine Reihe von Gestalten zum Wissen seiner selbst gelangen. Diese unterscheiden sich aber von den vorhergehenden dadurch, daß sie die realen Geister sind, eigentliche Wirklichkeiten, und statt Gestalten nur des Bewußtseins, Gestalten einer Welt.« (3, 326) An die Stelle von Bewußtseinsstufen treten jetzt Geist- oder Kulturstufen, deren erste das »sittliche Leben« (3, 326; vgl. auch 3, 324 ff. sowie 2, 480 ff.) der griechischen Antike gewesen sein soll. Hegel nimmt hier teil an der verbreiteten Idealisierung, die seit Winckelmann bis weit in den Neuhumanismus des 19. Jahrhunderts das Bild des antiken Griechentums bestimmte; besonders durch die Gedichte Friedrich Schillers war es bis in unsere Zeit den Gebildeten vertraut. Für Hegel ist aber der Verlust dieser sittlichen Harmonie kein historisches Unglück, sondern notwendig, weil auch der Geist »zum Wissen seiner selbst« nur durch den durch Hegels Erfahrungsbegriff vorgezeichneten Fortgang vom Ansichsein zum An-und-Fürsichsein gelangen kann. Die griechische Sittlichkeit mußte also unausweichlich untergehen. Dies geschah aber nicht durch äußere Einflüsse, sondern durch die Entfaltung der im unmittelbaren Geist selbst angelegten, internen Widersprüche, wie sie Hegel zufolge die griechische Tragödie schon darstellte; besonders eindrucksvoll ist dabei Hegels Deutung der *Antigone* des Sophokles als paradigmatisch für die »Tragödie« (2,495) der Sittlichkeit insgesamt. Die Zuspitzung dieser Widersprüche zu unaufhebbaren Antinomien führt nach Hegel schließlich zum allgemeinen »Rechtszustand« des römischen Reiches, in dem die Sittlichkeit in der »formalen Allgemeinheit des Rechts« untergeht. Das Ergebnis ist eine Welt, in der sich Allgemeines und Besonderes, rechtliche Gleichheit und gelebte Individualität unvermittelt gegenüberstehen – die »Welt des sich entfremdeten Geistes« (3,362). Diese »Entfremdung« betrifft aber nicht nur die sozialen Lebensformen, sondern das Bewußtsein überhaupt und seine Zerrissenheit im Widerspruch zwischen dem Abstrakten und Konkreten, der Welt der Gedanken und der sinnlichen Dinge, des Wesens und der Erscheinung, und im religiösen Bereich zwischen Jenseits und Diesseits, Glauben und Wissen.

Die eigene kulturelle Welt als Resultat der internen Entfremdung einer ursprünglichen Harmonie zu beschreiben – damit hatte Rousseau mit seinen beiden kulturkritischen Preisschriften begonnen[77], und dieses Entfremdungstheorem ist bis in unsere Tage ein besonders einleuchtender kulturkritischer Topos geblieben; insofern sind fast alle modernen Kulturkritiker Rousseauisten geblieben. Daran haben sich fast immer – wenn auch nicht bei Rousseau selbst – utopistische Hoffnungen auf eine Wiederkehr jenes harmonischen Zustandes geknüpft, der sich als wiedergekehrter freilich vom ursprünglichen Zustand dadurch unterscheiden würde, daß ihm die Erfahrung der Entfremdung vorausliegt. Insofern ist Hegels Griechenlandbegeisterung ambivalent: Auf der einen Seite erzeugt sie die uns auch durch Hegels Jugendfreund Hölderlin vertraute Trauer über den Verlust des »sittlichen Lebens«; zugleich aber gibt es kein Zurück aus der »harten Wirklichkeit« des »nunmehr in sich selbst entzweiten Geistes« (3, 327), die die Signatur der Gegenwart ist, und sie bietet überdies die Chance, die Entfremdung auf einer höheren Gestalt des Geistes zu überwinden. Hegel ist in der *PhG* überdies davon überzeugt, daß sich die »Versöhnung« der Entfremdung bereits real abzeichnet; im späteren Werk wird er diese Versöhnung sogar als bereits vollbrachte affirmativ vertreten.[78]

Die »harte Wirklichkeit« der »Welt des sich entfremdeten Geistes« ist nicht mehr die Welt der Sittlichkeit, sondern der Bildung (vgl. 3, 359); »Bildung« jedoch ist bei Hegel buchstäblich als ein Bilden zu verstehen, als Arbeit, in der – wie im Herrschafts-Knechtschafts-Kapitel ausgeführt – das Bewußtsein nicht nur seinen Gegenstand, sondern zugleich sich selbst tätig verändert. Den Aspekt der Erfahrung, den das Bewußtsein in diesem Bildungsprozeß macht, bestimmt die *PhG* als die »Aufklärung«; ihr Gegenpart ist der »Aberglauben«, den sie zwar besiegt, aber dadurch zugleich in die Dialektik zwischen »absoluter Freiheit« und dem »Schrecken« (vgl. 3, 431 ff.) führt. Hegel konstruiert hier einen notwendigen Zusammenhang zwischen der neuzeitlichen Aufklärung, der Französischen Revolution und dem jakobinischen Terror auf der Ebene der diese realgeschichtlichen Vorgänge bestimmenden Bewußtseinsformationen. Gleichwohl hat er sich niemals wie viele seiner Zeitgenossen durch den Terror dazu bewegen lassen, der Französischen Revolution die weltgeschichtliche Legitimität abzusprechen; vielmehr hat er ihre Prinzipien zeit seines Lebens verteidigt und den 14. Juli Jahr für Jahr mit einem extra Glas Wein begangen.[79]

Die Perspektive der Überwindung der Entfremdung in der Versöhnung kündigt Hegel schon zu Beginn des Geist-Kapitels an: »Die sittliche Welt, die in das Diesseits und Jenseits zerrissene Welt und die moralische Weltanschauung sind also die Geister, deren Bewegung und Rückgang in das einfache fürsichseiende Selbst des Geistes sich entwickeln und als deren Ziel und Resultat das wirkliche Selbstbewußtsein des absoluten Geistes hervortreten wird.« (3, 327) Die hochentwickelte moralische Weltanschauung der Zeit, die den Kantischen Rigorismus der Gesetzgebung und -prüfung aus reiner Vernunft hinter sich gelassen hat und die Hegel in Goethes »schöner Seele«[80] verkörpert sieht (vgl. 3, 70), versteht Hegel in der *PhG* als Anzeichen dafür, daß in der Erfahrung des Bewußtseins das »Selbstbewußtsein des absoluten Geistes« wirklich erreicht ist, und das ist nichts anderes als das »absolute Wissen«. Daß er dem Schlußkapitel »Das absolute Wissen« (vgl. 3, 575 ff.) noch den Abschnitt »Die Religion« (vgl. 495 ff.) vorschaltet, ist schwer zu erklären, zumal Hegel selbst einräumt, daß auf allen bisherigen Bewußtseinsstufen auch immer die diesen Stufen entsprechenden Religionsformen präsent und thematisch gewesen seien. Gleichwohl schickt er sich an, die jeweiligen religiösen Inhalte in ihrem Stufenaufbau nicht bloß »vom *Standpunkte des Bewußtseins* aus«, sondern *»an und für sich selbst«* (3, 495) darzustellen. Hegel wechselt hier von der Philosophie der Erfahrung des Bewußtseins, zu deren Themen auch die religiöse Erfahrung gehört, ohne nähere Begründung in die Religionsphilosophie über; deren Inhalt wird er in seinen späteren *Vorlesungen über die Philosophie der Religion* (TWA 17-18) wieder aufnehmen und weiter ausbauen. Der Unterabschnitt »Die Kunstreligion« (3, 512 ff.) enthält überdies einen Grundriß seiner späteren sogenannten *Ästhetik*, die in Wahrheit eine Philosophie der Kunst ist. Für das Verständnis und den inneren Nachvollzug der *PhG* ist das Religionskapitel wohl entbehrlich.

Wer sich mit Mühe durch die *PhG* bis zum Schlußkapitel »Das absolute Wissen« durchgearbeitet hat, wird wahrscheinlich enttäuscht sein: Wird man hier endlich erfahren, was das Absolute ist? Wir werden daran erinnert, was Hegel in der Vorrede sagte: Das Wahre ist das Ganze, und genau *das* ist das Absolute (vgl. 3, 70); also kann dieses Kapitel gar nichts anderes enthalten als einen resümierenden Rückblick auf den ganzen Prozeß der Erfahrung des Bewußtseins, den der Leser zu verfolgen sich bemüht hat. Das »absolute« Wissen ist nach Hegel das voll explizierte Wissen des Geistes von sich, das aber nicht als Ergebnis vom Wissens- oder Erfahrungsprozeß des Geistes noch einmal abgetrennt werden könnte. Zugleich hat der Geist sich begriffen, wenn er seine Geschichte begriffen hat. Daß der Geist sich selbst als das Absolute erfaßt und daß er seine eigene Geschichte begreift, ist nach Hegel ein und dasselbe (vgl. 3, 591); dieses Begreifen sei zugleich die »Er-innerung« (3,591) aller Entäußerungen des Geistes auf dem langen Weg seiner Erfahrung und Bildung. Die *PhG* endet mit der Ankündigung einer Wissenschaft der Logik, der Natur und der Geschichte, d.h. des ganzen philosophischen Systems von Hegel, zu dem die *PhG* als erster, einführender Teil konzipiert worden war. (Vgl. 3, 590 f.)

5. Das System

Während seiner Tätigkeit als Gymnasialrektor in Nürnberg läßt Hegel seine *WL* in zwei Bänden erscheinen (1812/13 und 1816), und zwar ausdrücklich als Vorveröffentlichung aus dem zweiten Teil seines Gesamtsystems aus pragmatischen Umfangsgründen; so nennt er die *WL* »die erste Folge zur Phänomenologie des Geistes« (5, 18). Zugleich kündigt sich hier ein durchgreifender Umbau des Hegelschen Systems an, den er bis zur Veröffentlichung der ersten Ausgabe seiner *EPW* (1817) vollzieht: Was bis dahin als zweiter Teil des Systems angekündigt worden war – »die Logik und die beiden realen Wissenschaften der Philosophie, die Philosophie der Natur und die Philosophie des Geistes« (5, 18) –, wird von da an das ganze System Hegels ausmachen. Hatte die *PhG* der Philosophie der Natur die Philosophie der Geschichte gegenübergestellt (vgl. 3, 590 f.), so wird dieser Systemteil nun zur Philosophie des Geistes erweitert, in der die Philosophie der Geschichte jetzt einen Unterabschnitt ausmacht. Da die Philosophie des Geistes nicht mehr nur das Geschichtliche im engeren Sinne umfaßt, sondern auch fast alle Inhalte, die als »geistige« in der *PhG* abgehandelt wurden, reduziert Hegel die »Wissenschaft der Erfahrung des Bewußtseins« auf ihren engsten bewußtseinstheoretischen Gehalt, d.h. auf die Trias »Bewußtsein – Selbstbewußtsein – Vernunft«, und gliedert sie in die »Philosophie des subjektiven Geistes« ein als Zwischenglied zwischen der »Anthropologie« und der »Psychologie«. (Vgl. 10, 199 ff.) Das wichtigste Ergebnis dieses Systemumbaus ist, daß die *PhG* ihren Status als erster, einleitender Systemteil verliert; für die geplante Neuauflage der *PhG* kündigt Hegel selbst in seinem letzten Lebensjahr die Streichung des ursprünglichen Untertitels »System der Wissenschaft. Erster Theil« an. (Vgl. 5, 18) Da aber von ihm sonst keine wesentlichen Veränderungen des Textes geplant waren, hat er uns die Stellung der *PhG* im Gesamtsystem als bis heute ungeklärtes Problem hinterlassen. Dieses Werk enthält auf der einen Seite viel mehr als das, was sich als Ausarbeitung des mit »Phänomenologie des Geistes« betitelten Unterabschnitts der Philosophie des subjektiven Geistes ausgeben ließe; auf der anderen Seite kann man nicht mit einem so untergeordneten Kapitel in das ganze System einführen wollen, und so mußte Hegel das Einführungsproblem jetzt auf anderen Wegen zu lösen versuchen.

Die endgültige Systematik der Philosophie Hegels umfaßt somit die Wissenschaft der Logik, die Naturphilosophie und die Philosophie des Geistes, und zwar nicht einfach im Sinne einer bloß additiven Zusammenfassung, sondern entwickelt gemäß der dialektischen, »absoluten« Methode, die ihrerseits der spekulativen Grundfigur folgt. Diese Figur bestimmt auch die Binnenstruktur der einzelnen Systemteile bis hinab zu ihren untersten Untergliederungen; so jedenfalls erfordert es der Anspruch dieser Philosophie als einer spekulativen Wissenschaft. Bei der Betrachtung der einzelnen Systemteile soll deutlich werden, welchen Beweiszwängen sich Hegel damit aussetzt.

Wissenschaft der Logik

Die *WL* ist das unzugänglichste und rätselhafteste Werk Hegels, wobei noch nicht einmal unumstritten ist, wovon es eigentlich handelt; Adorno sagt: »Die Widerstände, welche die großen systematischen Werke Hegels, zumal die Wissenschaft der Logik, dem Verständnis entgegensetzen, sind qualitativ verschieden von denen, die andere verrufene Texte bereiten. [...] Im Bereich großer Philosophie ist Hegel wohl der einzige, bei dem man buchstäblich zuweilen nicht weiß und nicht bündig entscheiden kann, wovon überhaupt geredet wird, und bei dem selbst die Möglichkeit solcher Entscheidung nicht verbrieft ist.«[81] Diese Erfahrung haben viele mit Hegel gemacht, und sofern sie sein Erbe deswegen nicht einfach links liegen ließen, machten sie sich ans »Entziffern«, d.h., sie nahmen z.B. an, daß die *WL* ein Text sei, den man nicht buchstäblich nehmen dürfe, weil er so nicht zu verstehen sei, sondern als sprachlichen Vordergrund eines hintergründigen Gehalts, der sich durch eine Art Tiefenhermeneutik doch entschlüsseln lasse. Natürlich meinte man dabei nicht, Hegel habe diese Inhalte selbst verschlüsselt und absichtlich vermieden zu sagen, was er wirklich dachte, vielmehr sei ihm dies aus ihm selbst unbewußten Gründen gewissermaßen unterlaufen.

Das leitende Modell für diese Auffassung findet sich bei Marx; im Nachwort zur zweiten Auflage des *Kapitals* (1873) bekennt er sich offen zu Hegel, den die Zeitgenossen zur Zeit der Abfassung dieses Werkes als »toten Hund« behandelten: »Ich bekannte mich daher offen als Schüler jenes großen Denkers, und kokettierte sogar hier und da im Kapitel über die Werttheorie mit der ihm eigentümlichen Ausdrucksweise. Die Mystifikation, welche die Dialektik in Hegels Händen erleidet, verhindert in keiner Weise, daß er ihre allgemeinen Bewegungsformen zuerst in umfassender und bewußter Weise dargestellt hat. Sie steht bei ihm auf dem Kopf. Man muß sie umstülpen, um den rationellen Kern in der mystischen Hülle zu entdecken.«[82] In der Marx-Tradition ist dies stets ein *locus classicus* der Hegel-Deutung gewesen. Die Figur »rationeller Kern – mystische Hülle« war hier vor allem deswegen so attraktiv, weil Marx die Mystifikation der Dialektik ja nicht Hegel als subjektiven Fehler zurechnete, sondern als Ergebnis einer objektiven, in der Ideologie der bürgerlichen Gesellschaft gründenden Verkehrung der wirklichen Verhältnisse verstand. Deren Vorbild wiederum war Feuerbachs Religionskritik, die er auch noch auf die Hegelsche Spekulation bezogen hatte: In der Religion gehen die Menschen nach Feuerbach »auf dem Kopf«, sie halten die Produktionen ihres eigenen Vorstellens und Denkens für den wahren Grund der Wirklichkeit. Diese »verkehrte Welt«[83] hat Marx im Zuge seiner Feuerbach-Kritik auf die verkehrten gesellschaftlichen Verhältnisse zurückgeführt und damit die Religionskritik zur Ideologiekritik erweitert. So war die Möglichkeit eröffnet, an die sich fast alle von Marx geprägten Philosophen bis in unsere Tage hielten, nämlich Hegel zugleich als den größten bürgerlichen Philosophen, ja als den Höhepunkt der abendländischen Philosophie zu feiern und zugleich immer wieder die Mystifikation seiner besten Einsichten festzustellen, die man ihm als einem Sohn der bürgerlichen Klasse diesseits des proletarischen Klassenbewußtseins aber nicht subjektiv zuzurechnen brauchte.[84] Für Marxisten war seitdem weitgehend klar, daß der »rationelle Kern« der Hegelschen idealistischen Dialektik nur in der entmystifizierten Dialektik der gesellschaftlichen Produktion bestehen konnte. Folgten sie dem von Engels begründeten Dialektischen Materialismus als umfassender »proletarischer Weltanschauung«, dann hatte Hegel eine idealistische Vorform der wahren, materialistischen Dialektik geliefert, und die ist nach Engels »weiter nichts als die Wissenschaft von den allgemeinen Bewegungs- und Entwicklungsgesetzen der Natur, der Menschengesellschaft und des Denkens«[85]. In Lenins Nachlaß fand sich ein umfangreiches Konvolut, das in Exzerpten und Randglossen den Versuch einer gründlichen »materialistischen«

Lektüre Hegels dokumentiert, den er während seiner Emigration von 1914 bis 1917 in Bern unternommen hatte[86]; das galt lange als Vorbild, denn immerhin hatte Lenin behauptet, man könne Marx' *Kapital* nicht verstehen, bevor man nicht die ganze Hegelsche Logik durchgearbeitet und verstanden habe.[87]

Die ideologiekritischen Entmystifikationsversuche der *WL* haben mit dem Untergang des Marxismus wohl ihr Ende gefunden, aber die Vorstellung, daß dieser gewaltige und in erster Annäherung unzugängliche Text, dessen manifesten Gedankeninhalt man nicht mehr buchstäblich vertreten möchte, doch eine verborgene Wahrheit enthalte, die sich zutage fördern lassen müsse, findet immer noch Anhänger. So bestimmt Michael Theunissen die *WL* als »Einheit von Kritik und Darstellung der Metaphysik«[88], die in der sachlichen Verlängerung ihrer Urteilslehre auf Herrschaftskritik und eine logische Theorie »kommunikativer Freiheit« hinauslaufe.[89] Bleibt eine solche sozialphilosophische Entzifferung Hegels noch weitgehend im Umkreis des Hegelschen Werkes, so gilt das nicht mehr dort, wo angeregt durch die neueren Entwicklungen der sprachanalytischen Philosophie die *WL* als Vorform einer holistischen Bedeutungstheorie »rekonstruiert« wird[90]; in dieser Deutung entwickelt Hegel in der *WL* ein System von Begriffen und propositionalen Gehalten, das die Bedeutungen unseres Denkens und Sprechens ausmache. Dem naheliegenden Einwand, Hegel habe in seinem systematischen Hauptwerk doch nicht nur Bedeutungen, sondern die Wahrheit darstellen wollen – schließlich versteht er unter Philosophie die »wissenschaftliche Erkenntnis der Wahrheit« (8, 14) – wird dabei entgegengehalten, Wahrheit werde bei ihm im Sinne der Kohärenztheorie als bloß logische Konsistenz von Aussageinhalten verstanden, und erkenntnistheoretisch müsse man bei Hegel von einem »internen Realismus« (Putnam) sprechen, für den die Realität nicht außerhalb unseres

Sprachsystems existiere, so daß die Differenz zwischen Bedeutung und Wahrheit für ihn ohnehin gegenstandslos sei. Die Frage ist nur: Warum besteht Hegel, dem der Unterschied zwischen Bedeutung und Wahrheit geläufig war, gleichwohl auf der Wahrheit? Ist sie bei ihm wirklich nur die »mystische Hülle« des »rationellen Kerns« »Bedeutungstheorie«?

Natürlich wird niemand solche entmystifizierenden Hegel-Deutungen verbieten; nur ist der systematisch-hermeneutische Mischdiskurs, der dabei entsteht, irreführend und verwirrend, vor allem wenn dies mit der Behauptung verbunden wird, was man da vorträgt, sei der »eigentliche« Hegel. Dann ist es schon besser, man entwirft gleich die Grundzüge einer Logik der Herrschaftskritik und der kommunikativen Freiheit bzw. eine holistische Bedeutungstheorie und nimmt an den Stellen Hegels Argumente auf, wo sich das anbietet. Die Frage bleibt freilich auch hier, ob man Argumente so ohne weiteres aus einem Kontext in den anderen transferieren kann. Was besonders ärgerlich ist an diesen Entmystifikationen, ist die implizite Unterstellung, Hegel habe gar nicht richtig gewußt, was er in seiner Philosophie tut; die Entmystifizierer sprechen sich dabei ohne größere Umstände ein »höheres Bewußtsein« zu – sei es das ideologiekritisch aufgeklärte der Marxisten oder das sprachanalytisch aufgeklärte der Wittgensteinianer –, stellen sich hinter dem Rücken Hegels auf und deuten im Blick über seine Schultern, was in der *WL* wirklich passiert. Bedingungsloser Klassikerverehrung will sicher niemand das Wort reden, aber es ist schon schwer erträglich, wenn das hermeneutische Prinzip, dem zufolge damit zu rechnen ist, daß der Interpret den Autor besser versteht, als der sich selbst verstand, plötzlich zur Annahme wird, Hegel habe alles und insbesondere sich selbst völlig mißverstanden. Solche Ultra-Hermeneutik mag man mit juvenilem Größenwahn und dem Profilierungsbedürfnis unseres akademischen Nachwuchses erklären; zum Hegel-Verständnis trägt sie nichts bei.

Logik als Wissenschaft vom lógos

Gerade was die *WL* betrifft, so hat Hegel uns nicht im unklaren gelassen, worum es geht; wir besitzen umfängliche Vorreden zur ersten und zweiten Ausgabe, eine Einleitung »Allgemeiner Begriff der Logik« (vgl. 5, 13-55) und in der *EPW* einen breit ausgeführten »Vorbegriff« zur *WL* (8, 67-167), so daß sich alles Wesentliche aufklären läßt. Wenn man, wie immer wieder wegen der Gleichheit des Namens geschehen, Hegels Konzeption einer Wissenschaft der Logik als Logik im herkömmlichen Sinn versteht, dann muß man sie – wie Popper und viele andere – für Irrationalismus im wissenschaftlichen Gewande halten. Gleichwohl hat sich Hegel selbst immer wieder klar und ausführlich zum Verhältnis von Logik und *WL* in seinem Sinne geäußert, und die bloße Lektüre der Vorreden hätte genügt, um solche Zerrbilder der *WL* auszuschließen. Sie ist nicht Logik in unserem Sinne, sondern ihr Titel folgt der klassischen, seit der Stoa üblichen Einteilung der Philosophie = Wissenschaft in Logik, Physik und Ethik. Ihr zufolge ist Logik nicht wie bei Aristoteles bloß Organon oder Methodenlehre, sondern selbst schon Teil der Wissenschaft, und zwar Wissenschaft des *lógos*. Dieses griechische Wort bedeutet wörtlich »das Gesagte«, sowohl im Sinne eines sprachlichen Ereignisses (Wort, Satz, Rede, Sprache) wie auch der Bedeutung des Gesagten (Begriff, Aussage, Behauptung, Urteil, Gedanke, Lehre, Argument, Grund). Davon abgeleitet erscheint *lógos* dann auch als Vermögen des Sprechens, Denkens, Urteilens, Argumentierens, Begründens und wird in dieser Bedeutung im Lateinischen mit *ratio* und in der deutschen Terminologie mit Vernunft übersetzt. Die objektive Akzentuierung des *lógos* geht zurück auf Heraklit (um 500 v. Chr.), der gesagt hat, daß der Sinn seiner Lehre (*lógos*) das Gesetz repräsentiere, nach dem alles in der Welt geschieht.[91] Genau in dieser Funktion erscheint der *lógos* auch in der Stoa: als die göttliche Weltvernunft, die als unserer Vernunft zugängliches aussagbares Naturgesetz (*lex naturae*) den Weltlauf regiere.[92] Die subjektive Betonung dieses Konzepts finden wir bei Aristoteles, der den Menschen als das Lebewesen bestimmt, das den *lógos* besitzt (*lógon échon*)[93], womit zugleich Vernunft und Sprache oder besser sprachliche Vernunft gemeint ist; gleichwohl versteht auch Aristoteles den Kosmos als eine göttliche und als vernünftig einsehbare Weltordnung.

Hegels *WL* stellt sich ganz in die stoische Tradition, wenn er die »logische Wissenschaft« (5, 35) als Wissenschaft vom *lógos* im objektiven Sinn versteht, d.h. als die Wissenschaft objektiver Begriffe und Gedanken. (Vgl. 8, 72ff.) »Objektiv« bedeutet dabei zweierlei: zum einen ihre Unabhängigkeit von psychischen und linguistischen Vorkommnissen, andererseits ihren Status, die ewigen Grundstrukturen der Wirklichkeit zu repräsentieren. Was die erste Bedeutung betrifft, so wendet sich Hegel schon lange vor Frege, Rickert oder Popper gegen die psychologische Deutung des Logischen als Inbegriff psychischer, physiologischer oder anthropologischer Gegenstände und Ereignisse, die in der Neuzeit immer mehr Platz gegriffen hatte; den psychologisierenden Kantianer Jakob Friedrich Fries (1773-1843), der auf Schopenhauer wirkte und den »Psychologismus« in der Logik im 19. Jahrhundert wesentlich anregte, trifft dabei Hegels ganze Verachtung.[94] Hegel präsentiert eine Logik objektiver Begriffe und Gedanken in dem strikten Sinne, daß in der *WL* im Unterschied zur *PhG* vom denkenden Subjekt selbst nicht mehr die Rede sein muß, ja er treibt die Entpsychologisierung des Logischen so weit, daß das »Ich denke«, in dem nach Kant, und das ICH, in dem Fichte zufolge alles Logische gründet, nun als »existierender Begriff« erscheint, und das bedeutet: nicht das Ich, sondern der Begriff ist das wahre Subjekt, und darum bezeichnet Hegel seine »Lehre vom Begriff« auch als »subjektive Logik«. (Vgl. 6, 243) – Daß das Logische somit objektiv im Sinne von »nicht subjektiv« sei, schließt für Hegel auch die linguistische Logikdeutung aus. So folgt er bei der Bestimmung der »Denkformen« ausdrücklich der Sprachorientierung des Aristoteles (vgl. 5, 20), aber er betont, daß die Sprache den Gesetzen des Denkens folge, die sich in ihr ausdrückten, nicht umgekehrt, wie es die Doppelbedeutung von *lógos* als Sprache und Vernunft nahelegt und der linguistische Konventionalismus z.B. der Wittgenstein-Schule tatsächlich behauptet. Für Hegel haben Begriffe, Gedanken und Denkformen eine eigene, vom faktischen Sprechen unabhängige Objektivität, die die *WL* vor aller Sprachtheorie zu untersuchen habe.

Logik und Metaphysik

Entgegen der psychologischen und linguistisch-konventionalistischen Deutung des Logischen vertritt Hegel somit einen »Platonismus« ansichseiender Bedeutungen unserer Begriffe und Gedanken, die den Gegenstandsbereich der richtig verstandenen *WL* ausmachen; in diesem Sinne verteidigt er wie dann auch Frege, Husserl, Rickert, Popper und andere die Objektivität der Logik. Die andere Bedeutung von »Objektivität« bei Hegel impliziert die weitergehende metaphysische Behauptung, daß die logischen Denkformen das Wesen und die Gesetzmäßigkeiten der gesamten Wirklichkeit repräsentieren; man kann dies als ontologische Logikdeutung[95] bezeichnen, die keinem unserer modernen »Platonisten« zu vertreten je in den Sinn gekommen wäre: »Die Logik fällt daher mit der Metaphysik zusammen.« (8, 81) Diese These ist für uns besonders anstößig, und sie war es schon für Hegels Zeitgenossen, weil seit dem Beginn der Neuzeit der Nominalismus das metaphysische Normalbewußtsein definiert. »Nominalismus« ist die Position, der zufolge alles Allgemeine in der Welt – seien es Begriffe, Wesenheiten oder Gesetzmäßigkeiten – bloße Namen (lat. *nomen*) oder leere Bezeichnungen für die Konstruktionen unseres abstrahierenden Denkens seien; demgegenüber erscheint der Universalienrealismus, der das alles wie Dinge (lat. *res*) interpretiert, als ontologisch naiv und metaphysisch überspannt. Darum bedeutet es eine erhebliche Provokation, wenn Hegel behauptet, »der« Begriff (und nicht das ICH) sei die »Grundlage der bestimmten Begriffe, [...] Gegenstand, Produkt und Inhalt des Denkens und die an und für sich seiende Sache, der Logos, die Vernunft dessen, was ist, die Wahrheit dessen, was den Namen der Dinge führt« (5, 30). Immerhin bestimmt er den *lógos* nicht nur als Gegenstand und Inhalt des Denkens, sondern auch als dessen »Produkt«, und so viel Subjektivismus ist weder bei Heraklit noch in der Stoa oder im christlichen Platonismus zu finden, der die allgemeinen Weltstrukturen auf den *lógos* des göttlichen Schöpfers zurückführt – auf die Vernunft und das schaffende Wort Gottes.[96]

Sein ontologisches Logikkonzept präsentiert Hegel aber nicht als unaufgeklärte Behauptung, sondern dem Anspruch nach als immanente Kritik des bloß formalistischen Logikverständnisses, das sich aus dem Nominalismus ergibt und der psychologischen und linguistisch-konventionalistischen Logikdeutung schon zugrunde liegt. In der Einleitung zur *WL* entwirft Hegel eine Kritik des logischen Formalismus in drei Schritten. Zunächst sei es irreführend, der Logik allen Inhalt abzusprechen, denn »da das Denken und die Regeln des Denkens ihr Gegenstand sein sollen, so hat sie ja unmittelbar daran ihren eigentümlichen Inhalt«

(5, 36). Das zweite Argument bezieht sich auf die unaufgeklärte, dogmatische Voraussetzung eines Gegensatzes von Inhalt und Form der Erkenntnis, wobei der Inhalt als ein »Stoff des Erkennens« angesehen werde, der »als eine fertige Welt außerhalb des Denkens an und für sich vorhanden« (5, 36) sei und dem als leer vorausgesetzten Denken überhaupt erst einen Inhalt verschaffe; gemeint ist also der implizite Dogmatismus des Empirismus, der darin besteht, Prämissen wie der der Form-Stoff/Inhalt-Metaphorik ohne alle kritische Prüfung einfach zu folgen. Der dritte Einwand Hegels richtet sich gegen die Folgerung, die der Empirismus und dann auch Kant aus dem Form-Stoff/Inhalt-Modell des Erkennens ziehen: Wenn der Gegenstand der Erkenntnis das Ergebnis eines denkenden Formens des empirischen Stoffs ist, dann kann *dieser* Gegenstand nicht der objektive Gegenstand sein, um den es doch im Erkennen gehen sollte, und »dieser bleibt als ein Ding an sich schlechthin jenseits des Denkens« (5, 37). Der Formalismus des Denkens und Erkennens beruht nach Hegel somit auf Vorannahmen, die sich als »Vorurteile« erweisen lassen und als »Irrtümer, deren durch alle Teile des geistigen und natürlichen Universums durchgeführte Widerlegung die Philosophie ist oder die vielmehr, weil sie den Eingang in die Philosophie versperren, vor derselben abzulegen sind« (5, 37 f.).

Die nominalistisch-empiristische Konzeptualisierung von »Denken« und »Erkennen«, die sich mindestens seit Descartes als Grundlage der Dogmatismus-Kritik versteht, selbst des Dogmatismus zu überführen ist freilich noch kein zureichendes immanent-kritisches Argument. An dieser Stelle verweist Hegel zurück auf die *PhG*, von der er behauptet, daß sie die durchgeführte immanente Kritik des neuzeitlichen Normalbewußtseins enthalte, und zwar als Resultat der Selbstkritik des Bewußtseins und ihres »sich vollbringenden Skeptizismus«. (Vgl. 16 ff. und

42 ff.) Dort sei mit dem »absoluten Wissen« das Niveau erreicht worden, auf dem die Logik als spekulative Wissenschaft beginnen könne: »Das absolute Wissen ist die *Wahrheit* aller Weisen des Bewußtseins, weil, wie jener Gang desselben es hervorbrachte, nur in dem absoluten Wissen die Trennung des *Gegenstandes* von der *Gewißheit seiner selbst* vollkommen sich aufgelöst hat und die Wahrheit dieser Gewißheit sowie diese Gewißheit der Wahrheit gleich geworden ist. Die reine Wissenschaft setzt somit die Befreiung von dem Gegensatz des Bewußtseins voraus. Sie enthält den *Gedanken, insofern er ebensosehr die Sache an sich selbst ist*, oder *die Sache an sich selbst, insofern sie ebensosehr der reine Gedanke ist.*« (5, 43) »Gewißheit« und »Wahrheit«, »Gedanke« und »Sache an sich selbst« – das sind die Bestimmungen, die die nominalistische Philosophie der Neuzeit an »Subjekt« und »Objekt« zu verteilen pflegt; aber auf dem Niveau der *WL* ist nach Hegel der »Gegensatz des Bewußtseins« zwischen Subjekt und Objekt überwunden, so daß nunmehr auch das »reine«, seiner selbst gewisse Denken nicht mehr als ein bloß subjektives der Wahrheit des in objektiven Gedanken Gedachten entgegengesetzt werden kann. Es ist »objektives Denken«, umfaßt also die Subjektivität des Denkens und die Objektivität des Gedachten, wenn auch zunächst nur im Medium reiner Gedankenbestimmungen, und so ist es »der *Inhalt* der reinen Wissenschaft« (5, 43).

Das Wahre jenseits des »Gegensatzes des Bewußtseins« aber ist das, was Hegel mit dem deutschen Idealismus als das »Absolute« bezeichnet; die *WL* ist somit Wissenschaft des Absoluten im Medium des reinen Denkens: »Die Logik ist sonach als das System der reinen Vernunft, als das Reich des reinen Gedankens zu fassen. *Dieses Reich ist die Wahrheit, wie sie ohne Hülle an und für sich selbst ist.* Man kann sich deswegen ausdrücken, daß dieser Inhalt *die Darstellung Gottes* ist, *wie er in seinem ewigen*

Wesen vor der Erschaffung der Natur und eines endlichen Geistes ist. – Anaxagoras wird als derjenige gepriesen, der zuerst den Gedanken ausgesprochen habe, daß der *Nus*, der *Gedanke*, das Prinzip der Welt, daß das Wesen der Welt als der Gedanke zu bestimmen ist. Er hat damit den Grund zu einer Intellektualansicht des Universums gelegt, deren reine Gestalt *die Logik* sein muß.« (5, 44) Diese berühmte, fast unendlich oft kommentierte Passage erschließt sich am besten, wenn man sie von hinten liest. Hegel präsentiert selbst eine »Intellektualansicht des Universums«, aber nicht in der Gestalt der Lehre des Anaxagoras, sondern in der »reinen« Gestalt seiner *WL*. Was Anaxagoras nur andeutete, hat die jüdisch-christliche Tradition als das ewige Wesen Gottes geglaubt und gedacht – unabhängig von den Mysterien der Weltschöpfung und der Inkarnation –, und deswegen kann sich Hegel hier einer theologischen Ausdrucksweise bedienen, ohne Theologie zu betreiben, denn der Inhalt der »geoffenbarten Religion« ist ja für ihn ohnehin nichts anderes als das, was die absolute Philosophie denkend begreift: *»die Wahrheit, wie sie ohne Hülle an und für sich selbst ist«*; das »Wahre«, das »Absolute« und »Gott« sind in seiner Philosophie gleichbedeutende Ausdrücke. (Vgl. 3, 70 und 8, 41) Daß Hegel schließlich die Logik als das »System der reinen Vernunft, als das Reich des reinen Gedankens« faßt, enthält zugleich eine Anspielung auf Kant und eine Kant-Kritik; auch Kant hat ein »System der reinen Vernunft« ins Auge gefaßt[97], aber das sollte nur alle »reinen«, erfahrungsunabhängigen und darum bloß subjektiven Gedankenformen umfassen, denen das empirische, objektiv-gegebene Material der Sinnlichkeit gegenübersteht. Mit der Liquidierung des Kantischen Gegensatzes »Ding an sich – Erscheinung« durch Fichte, die Hegel in der *PhG* in methodischen Schritten nachvollzieht, ist auch der »Gegensatz des Bewußtseins« gegenstandslos geworden, denn was Kant mit seiner berühmten Unterscheidung gemeint hat – die Differenz zwischen Objekt und Subjekt, Sache und Gedanke, Gegenstand und Bewußtsein –, fällt nach Hegel ja in das Bewußtsein selbst. Damit verändert sich freilich auch die Bedeutung von »rein«: Es ist dann nicht mehr wie bei Kant Unabhängigkeit des subjektiven Bewußtseins von jedem gegenständlichen Inhalt gemeint, sondern das Bewußtsein im Medium des »reinen«, vom »Gegensatz des Bewußtseins« befreiten Denkens; darum ist für Hegel das wahre »System der reinen Vernunft« nichts anderes als »das Reich des reinen Gedankens«.

So versteht sich Hegels *WL* als Metaphysik, aber mit einem bedeutsamen Zusatz: »Die *Logik* fällt daher mit der *Metaphysik* zusammen, der Wissenschaft der *Dinge* in *Gedanken* gefaßt, welche dafür galten, die *Wesenheiten der Dinge* auszudrücken.« (8, 81) Das Imperfekt »galten« zeigt deutlich an, daß »Metaphysik« hier nicht mehr im Sinne des Aristoteles, der Scholastik oder des Rationalismus zu verstehen ist. Die »objektiven« Gedanken der *WL* drücken die »Wesenheiten der Dinge« eben nicht einfach aus, sie sind ebensosehr Produkte unseres subjektiven Denkens, dessen notwendige Bestimmungen Kant in der »Transzendentalen Logik« der *Kritik der reinen Vernunft* darzustellen und zu deduzieren unternommen hatte. So ist es nicht verwunderlich, daß sich Hegel in seiner *WL* gar nicht primär an der *Metaphysik* des Aristoteles oder an scholastischen Vorbildern, sondern bis in viele Einzelheiten hinein an Kants *Kritik der reinen Vernunft* orientiert; die Termini der Urteils- und Kategorientafel kehren hier ebenso wieder wie die Reflexionsbegriffe und die Ideen als die reinen Vernunftbegriffe. Man kann Hegels *WL* als die spekulative Wiederholung der Kantischen »Transzendentalen Logik« verstehen, wobei wieder die Beseitigung des Dinges an sich alle wesentlichen Transformationen erklärt. Ist der Gegensatz von Bewußtsein und Gegenstand, Subjektivität und Objektivität, Denken und Anschauung spekulativ überbrückt, besteht kein Grund mehr, noch zwischen Transzendentaler Logik und Metaphysik zu unterscheiden, denn die angeblich bloß subjektiven Bestimmungen des Denkens sind dann ja zugleich als die Gedanken erweisbar, »welche dafür galten, die *Wesenheiten der Dinge* auszudrücken«. Auch das Verhältnis von Kritik und System der Vernunft verändert sich; schickte Kant die Vernunftkritik dem System der reinen Vernunft als Propädeutik voraus, so kann nunmehr gemäß dem in der *PhG* explizierten Prinzip des sich in der Erfahrung des Denkens selbst kritisierenden Bewußtseins die Kritik des Denkens in die Darstellung der objektiven Gedanken selbst integriert werden. So versteht sich Hegels *WL* durchaus nicht als dogmatische, sondern als kritische Metaphysik, freilich mit dem Unterschied gegenüber Kant, daß auf der Basis des Holismus des Bewußtseins, der die Perspektive einer Wissenschaft des »reinen Denkens« eröffnet, die Kritik den Status einer äußerlichen Reflexionsveranstaltung verliert und zum »Moment« eines jeden Gedankens erhoben wird. In dieser Funktion wird das Kritische nach Hegel zum Motor der »Bewegung des Begriffs«, die Hegels Dialektik ausmacht.

Spekulative Logik, objektiv und subjektiv

Was bei Hegel »Dialektik« bedeutet, hat er in der nachgeschriebenen Vorrede zur PhG anhand der Figur des »spekulativen Satzes« erläutert[98]; was damit noch mehr intuitiv gemeint war, sucht er in der *WL* in präziser und systematischer Gestalt auszuführen, und so ist es nicht verkehrt zu behaupten, daß dieses Werk aus lauter spekulativen Sätzen besteht. Ohne die Erinnerung daran, daß jede Einzelbestimmung der *WL* den Versuch macht, das Wahre als das Ganze auszusprechen, ist hier kein einziger begrifflicher Übergang zu verstehen, denn der stellt sich ja nur dadurch ein, »daß die Natur des Urteils oder Satzes überhaupt, die den Unterschied des Subjekts und Prädikates in sich schließt, durch den spekulativen Satz zerstört wird und der identische Satz, zu dem der erstere wird, den Gegenstoß zu jenem Verhältnisse enthält« (3, 59). Der berühmt-berüchtigte Anfang der *WL* liefert dafür ein Modell; in der abgekürzten Formulierung in der *EPW* lautet er: »Das *reine Sein* macht den Anfang, weil es sowohl reiner Gedanke als das unbestimmte, einfach Unmittelbare ist, der erste Anfang aber nichts Vermitteltes und weiter Bestimmtes sein kann. [...] Dieses reine Sein ist nun die *reine Abstraktion*, damit das *Absolut-Negative*, welches, gleichfalls unmittelbar genommen, das *Nichts* ist. [...] Das *Nichts* ist also dieses unmittelbare, sich selbst gleiche, ebenso umgekehrt dasselbe, was das *Sein* ist. Die Wahrheit des Seins sowie des Nichts ist daher die *Einheit* beider; diese Einheit ist das *Werden.*« (8, 182 ff.)

Hegels These lautet: Wenn man versucht zu sagen, was das »reine Sein« ist, dann muß man es gemäß der Grammatik von Subjekt und Prädikat bestimmen; dann gerät man in einen Widerspruch zu der Tatsache, daß es »rein« ist, also als absolut bestimmungslos gedacht wurde.[99] So hat, wer »Sein« gedacht hat, nichts Bestimmtes gedacht; er hat von aller Bestimmung abstrahiert, jede Bestimmung negiert, das Absolut-Negative oder das Nichts (*nihil absolutum*) gedacht. Der erste Versuch, das Absolute zu bestimmen – und zwar als reines Sein, wie es der Anfang erfordert – führt zu einem »identischen«, d.h. vollständig bestimmungslosen Satz, aber damit ist das Denken des Absoluten nicht zu Ende, denn dieser »identische« Satz enthält den »Gegenstoß zu jenem Verhältnisse«. Dieser »Gegenstoß« ist nun nichts anderes als eine Metapher für das Prinzip der bestimmten Negation, der zufolge das Negierende das Negierte in sich enthält. Das reine Sein ist in das reine Nichts übergegangen, aber das Nichts als die absolute Negation von allem bestimmten Sein ist dieselbe Bestimmungslosigkeit wie das unbestimmte Sein, und daraus folgt: »Sein und Nichts ist dasselbe.« (5, 188) Zwar haben sich Sein und Nichts als dasselbe herausgestellt, doch in dem ganzen Gedankengang ist auch die Differenz zwischen Sein und Nichts enthalten, denn sonst könnte man ihre Selbigkeit nicht feststellen, so daß die nächste Bestimmung die Einheit und gleichzeitige Differenz von Sein und Nichts sein soll – das Werden.

So exemplifiziert die erste Trias »Sein – Nichts – Werden«, die Hegel in der *WL* ebenso wie in der *EPW* in umfangreichen Anmerkungen gegen den Anschein der Unplausibilität zu verteidigen sucht (vgl. 5, 84 ff. und 8, 188 ff.), die spekulative Grundfigur seines Denkens, die schon in der *DS* als »Identität der Identität und Nichtidentität« erscheint, auf der abstraktesten Ebene der *WL*. Für die Bestimmung von »Identität« und »Nichtidentität« freilich stehen an diesem bestimmungsarmen Anfang die begrifflichen Mittel noch nicht zur Verfügung; sie werden erst viel später in der »Logik des Wesens« erreicht, die im Aufbau des Werkes auf die »Logik des Seins« folgt. (Vgl. 5, 61 f.) Seins- und Wesenslogik bilden die beiden Teile der »objektiven Logik«, die Hegel zufolge »an die Stelle der vormaligen *Metaphysik*« tritt, »als welche das wissenschaftliche Gebäude über die Welt war, das nur durch *Gedanken* aufgeführt sein sollte« (5, 61). Die »Logik des Seins« ersetzt dann die »Ontologie« als den Teil der Metaphysik, »der die Natur des *Ens* [des Seienden] überhaupt erforschen sollte«, während die »Logik des Wesens« die »übrige Metaphysik« in sich begreift, für die »die *Bestimmungen des Denkens* das *Wesentliche* der Betrachtungsweise ausmachten« (5, 61).

Daß nicht das Sein unmittelbar, sondern nur unsere Gedanken über das Sein das Wesen der Welt zu repräsentieren vermögen, ist die Grundüberzeugung der Philosophie der Neuzeit, die Hegel am deutlichsten in der Transzendentalphilosophie Kants ausgeprägt sieht. Diese das Wesen der Dinge betreffenden Gedankenbestimmungen sind insofern Reflexionsbestimmungen, als sie die Bestimmungen sind, mit denen wir über das Sein reflektieren; in diesem Sinne hatte Hegel schon im Frühwerk gemeinsam mit Schelling kritisch von der »Reflexionsphilosophie« gesprochen. (Vgl. 2, 287) So enthält die Wesenslogik die wohl intensivste Auseinandersetzung mit Kant, die Hegel je führte, denn die Leitbegriffe der Kantischen Vernunftkritik (Sein – Schein, Identität – Widerspruch, Grund – Existenz, Ding – Erscheinung, Möglichkeit – Wirklichkeit und Notwendigkeit – Freiheit) werden hier systematisch auseinander entwickelt. Kants Kritik ist fast durchgängig ein Denken in Oppositionen, weil sie sich wesentlich als ein Unterscheiden (griech. *krineîn* – unterscheiden) verstand, wobei die Differenz »Ding(e) an sich vs. Erscheinung« wohl die berühmteste und folgenreichste Unterscheidung Kants darstellt. Hegel ist bestrebt, diese einfachen Oppositionen gemäß der Figur der »Identität der Identität und Nichtidentität« jeweils in eine sie beide umfassende höhere Einheit zu integrieren, und dies soll stets gemäß der Gedankenfigur der bestimmten Negation geschehen. Für Kants Differenz »Ding(e) an sich vs. Erscheinung« bedeutet dies die These, daß es auf der Ebene der Reflexion schon ganz richtig und zwingend ist, zwischen den Dingen selbst und dem, wie sie uns erscheinen, zu unterscheiden; aber wir dürfen nach Hegel nicht vergessen, daß wir uns dabei im Bereich unserer eigenen Gedankenbestimmungen aufhalten. Darum trifft nicht zu, was Kant behauptet hat, daß wir nämlich nicht wissen könnten, was das Ding an sich sei; laut Hegel ist dieses »von der kritischen Philosophie noch übriggelassene Gespenst des *Dings-an-sich*« (5, 41) nur ein »Gedankending [...] der leeren Abstraktion« (5,

26; vgl. auch 129 f.). An anderer Stelle fügt er hinzu: »Man muß sich hiernach nur wundern, so oft gelesen zu haben, man wisse nicht, was das *Ding-an-sich* sei; und es ist nichts leichter, als dies zu wissen.« (8, 121)

Wichtig ist, daß Hegel die Wesens-Logik zur objektiven Logik rechnet, was bedeutet, daß er hier auch die Reflexionsbestimmungen in objektiver Blickrichtung betrachtet. Daß sie Bestimmungen des Denkens wirklicher Subjekte sind, gilt in diesem Zusammenhang als unwesentlich, es interessiert nur »ihre Natur und Wert [sic!] an und für sich selbst« (5, 61). So mutet uns Hegels Wesens-Logik zu, selbst den Gedanken »Reflexion« ohne Bezug auf ein denkendes Subjekt, also rein »strukturell« zu denken, woraus sich bei ihm die Differenzen zwischen setzender, äußerer und bestimmender Reflexion ergeben (vgl. 6, 24 ff.); diese Zumutung erklärt die besondere Schwierigkeit der Wesens-Logik. »Kritik« kann dann nicht mehr wie bei Kant im prüfenden Rückbezug der Gedankenformen auf die subjektiven Denkvermögen »Verstand« und »Vernunft« bestehen, sondern sie wandert als immanente Kritik in die objektive Darstellung dieser Gedankenformen selbst ein. In diesem Sinn von »Kritik« versteht sich Hegels *WL* als kritische Darstellung der Metaphysik, und zwar sowohl der vorkritischen Metaphysik der Tradition wie der Metaphysik, die Kant mit seinem vernunftkritischen Projekt als Wissenschaft neu begründen wollte.[100] Daraus ergibt sich dann auch der Aufbau der gesamten *WL*, denn die naiv-ontologische Metaphysik des Seins und die reflektiert-kritische Metaphysik des Wesens verhalten sich nach Hegel ja nicht wie zwei voneinander unabhängige und miteinander konkurrierende Projekte zueinander. Vielmehr soll sich die Logik des Wesens immanent aus der Logik des Seins ergeben, an deren Ende die Einsicht steht: »Das *Sein ist Schein*« (6, 19) und »Die *Wahrheit des Seins* ist das *Wesen*« (6, 13). Daß philosophiegeschichtlich der Reflexionsphilosophie der Neuzeit die skeptische Erfahrung der Scheinhaftigkeit des Seins vorausliegt, ist somit nach Hegel keine bloß historische Zufälligkeit, sondern ein Indiz für eine logisch-gedankliche Notwendigkeit, der ihm zufolge nicht nur die Geschichte der Philosophie, sondern die gesamte Geschichte folgt.[101]

Wenn demnach die *WL* insgesamt Gedankenformen »an und für sich«, ohne Bezug auf denkende Subjekte und ihr Bewußtsein kritisch darstellt, dann darf auch der Titel des zweiten Teils der *WL*, »Die subjektive Logik oder die Lehre vom Begriff«, nicht subjektivistisch oder gar psychologisch verstanden werden. Gemeint ist der Bereich der Logik, in dem der Begriff selbst das Subjekt ist. Daß es sich bei diesem Begriff des Begriffs um den entpsychologisierten Fichteschen Begriff des ICH handelt, wurde schon angedeutet; in diesem Sinn kehrt Hegel dann auch explizit die Fichtesche Denkbewegung um: Nicht mehr ist das ICH als reines Selbstbewußtsein die Existenzbasis aller Begriffe, vielmehr ist das so gedachte ICH selbst existierender Begriff. (Vgl. 6, 253) In sehr ausführlichen Texten begründet Hegel diese kontraintuitive These mit dem Argument, daß man dann, wenn man im Ernst versuche, das ICH zu denken, schon eine Fülle von Gedankenbestimmungen benötige, die zuerst logisch zu entwickeln seien, ehe man zur Bestimmung des ICH übergehen könne; deshalb sei ICH nicht der Anfangspunkt der Philosophie. (Vgl. 5, 76 ff. und 6, 253 ff.) Ist aber ICH existierender Begriff, dann ist der Begriff selbst das dem ICH schon Zugrundeliegende, also das wahre Subjekt des Subjekts wie auch aller Objektivität. Der Beweis dieser Behauptung liegt Hegel zufolge im Ergebnis der »objektiven Logik«, in der sich das Wahre als die Einheit von Sein und Wesen oder als das in der Reflexion des Scheins und der Erscheinung sich wiederherstellende Sein erwiesen haben soll: »Die *subjektive Logik* ist die Logik des

Begriffs, – des Wesens, das seine Beziehung auf ein Sein oder seinen Schein aufgehoben hat und in seiner Bestimmung nicht äußerlich mehr, sondern das freie selbständige, sich in sich bestimmende Subjektive oder vielmehr das *Subjekt* selbst ist.« (5, 62) Die vollständige Entwicklung der subjektiven Logik expliziert diesen Begriff des Begriffs als den der Idee, die Hegel in genauer Analogie zum Abschluß der *PhG* mit dem »absoluten Wissen« schließlich als »absolute Idee« faßt. (Vgl. 6, 548) Daß die absolute Idee die Wahrheit »des« Begriffs und damit das wahre Subjekt aller Wirklichkeit ist, macht Hegels Philosophie zum »absoluten Idealismus« (vgl. 8, 63); darum kann er von der *WL* sagen: »Man kann sich deswegen ausdrücken, daß dieser Inhalt die *Darstellung Gottes* ist, *wie er in seinem ewigen Wesen vor der Erschaffung der Natur und eines endlichen Geistes ist.*« (5, 44) Hegels absoluter Idealismus ist Philosophie des Absoluten und keine bloße »Bedeutungstheorie«.

Naturphilosophie

Hegels Naturphilosophie ist seit ihrem Erscheinen vornehmlich ein Objekt von Spott und Geringschätzung gewesen, und auf diesen Systemteil ist wesentlich die allgemeine Philosophieverachtung der nachhegelschen Epoche zurückzuführen, sofern sie sich im Blick auf Hegel rechtfertigte. Was soll man auch anfangen mit dem folgenden Text: »Der Klang ist der *Wechsel* des spezifischen Außereinanderseins der materiellen Teile und des Negiertseins desselben; – nur *abstrakte* oder sozusagen nur ideelle *Idealität* dieses Spezifischen. Aber dieser Wechsel ist hiermit selbst unmittelbar die Negation des materiellen spezifischen Bestehens; diese ist damit *reale Idealität* der spezifischen Schwere und Kohäsion, – *Wärme*« (9, 184)? So dient Hegels Naturphilosophie bis heute als Arsenal schlechter Beispiele für den Irrwitz von Philosophen oder ihre lächerliche Inkompetenz. Die nach seinem Tod veröffentlichten Vorlesungsnachschriften zeigen freilich, daß Hegel dies alles schon wohlbekannt war, und er verweist auch auf seine Vorrede zur *PhG*, in der er doch schon die »Schwindeleien« aufgedeckt habe, durch die die Naturphilosophie in »Mißkredit« (9, 9) geraten sei. Dabei fällt erneut der Name Schellings, gegen dessen Schüler Hegel damals polemisierte, was dann auch zu persönlicher Entfremdung zwischen Hegel und Schelling führte. Der Umfang der auf Vorlesungen basierenden Zusatztexte, die in der Druckfassung der *EPW* keine Entsprechung haben, zeigt die Mühe, die Hegel sich damals schon gab, die Idee der Naturphilosophie gegen die berechtigte Kritik ihres Mißbrauchs zu verteidigen.

Begriff und Programm der Naturphilosophie

Diese Idee der Naturphilosophie ist wesentlich auf Kants *Kritik der Urteilskraft (KU)* zurückzuführen, in der deutlich wird, daß die klassische Mechanik, wie sie in der Gestalt der Theorie Newtons vorlag, nur einen geringen Teil der Naturtatsachen wissenschaftlich zu erfassen imstande war; vor allem die Phänomene des Lebens, die Organismen, fielen aus dieser Naturwissenschaft heraus. Die Termini »Naturwissenschaft« und »Naturphilosophie« waren bis dahin austauschbar gewesen, denn seit Aristoteles galt alles begründete Wissen als »philosophisch« im weiten Sinne des Wortes, und so hatte Newton seine Theorien unter dem Titel *Principia mathematica philosophiae naturalis* veröffentlicht. Also nicht am Philosophischen, sondern am Mathematischen schieden sich die Geister. Noch Kant ist der Ansicht gewesen, »daß in jeder besonderen Naturlehre nur so viel *eigentliche* Wissenschaft angetroffen werden könne, als darin

Mathematik anzutreffen ist«[102]. Dem konnte die Wissenschaft vom Organischen freilich nicht genügen, so daß sich Kant mit einer »zweitbesten« Lösung zufriedengab: mit einer Naturwissenschaft im Medium der Reflexion, des »Als-ob«, in der Naturphänomene so betrachtet werden, als seien sie nicht bloß von mathematisch darstellbaren Kausalgesetzen bestimmt, sondern nach Zweckmäßigkeitszusammenhängen organisiert. Kant hatte eine zumindest denkbare Alternative zur herrschenden mathematischen Naturwissenschaft eröffnet, und so wurde er unfreiwillig zum Anreger dessen, was wir grob zusammenfassend als romantische Naturphilosophie[103] bezeichnen. Diese wissenschaftliche Bewegung, der man trotz seines antiromantischen Geistes auch Goethe zurechnen muß, ließ nämlich Kants erkenntniskritische Vorbehalte bald hinter sich und trat in offene Konkurrenz zur »bloßen« Naturwissenschaft, von der sie sich auch terminologisch als die »höhere« Form der Naturbetrachtung abgrenzte. Die fehlende erkenntnistheoretische Absicherung dieses Unternehmens hatte dann der junge Schelling auf der Grundlage der Philosophie Fichtes nachzuliefern versucht – vor allem mit seiner *Einleitung zu einem Entwurf eines Systems der Naturphilosophie* (1799). In seinen Jenaer Systementwürfen ist Hegel diesem »Entwurf« noch sehr verpflichtet, ja man kann nur schwer bestreiten, daß Hegels Naturphilosophie trotz dessen exzellenter Kenntnisse der damaligen Naturwissenschaften ohne Schelling gar nicht möglich gewesen wäre; vielleicht erklärt genau dies die Heftigkeit, mit der er sich von Schelling absetzt.

So sieht sich Hegel einer zweifachen Distanzierungsaufgabe gegenüber: Zum einen gilt es, sich von romantischen Naturschwärmern abzusetzen, die die Idee der Naturphilosophie durch ihre »Schwindeleien« in »Mißkredit« brachten, und andererseits muß die Differenz zwischen Naturwissenschaft im üblichen Sinne und seriöser Naturphilosophie verdeutlicht werden; in beiden Fällen handelt es sich um die Verteidigung des Anspruchs der Naturphilosophie, wissenschaftlich zu sein. Gegenüber den Romantikern, die angesichts der »kalten«, rationalen Wissenschaft ein intuitives und poetisches Naturverständnis propagieren, fordert Hegel (wie schon in der Vorrede zur *PhG*) die »Arbeit des Begriffs« ein; auch Goethe muß sich vorhalten lassen: »aus der Anschauung kann man nicht philosophieren« (9, 21). Die Naturphilosophie soll auch dort, wo sie sich von der Naturwissenschaft unterscheidet, ein rationales Unternehmen sein und bleiben:

> »Was *Physik* genannt wird, hieß vormals Naturphilosophie und ist gleichfalls *theoretische*, und zwar *denkende* Betrachtung der Natur, welche einerseits nicht von Bestimmungen, die der Natur äußerlich sind, wie die jener [von uns herangetragenen] Zwecke, ausgeht, andererseits auf die Erkenntnis des *Allgemeinen* derselben, so daß es zugleich in sich *bestimmt* sei, gerichtet ist – der Kräfte, Gesetze, Gattungen, welcher Inhalt ferner auch nicht bloßes Aggregat sein, sondern, in Ordnungen, Klassen gestellt, sich als eine Organisation ausnehmen muß. Indem die Naturphilosophie *begreifende* Betrachtung ist, hat sie dasselbe *Allgemeine*, aber *für sich* zum Gegenstand und betrachtet es in seiner *eigenen, immanenten Notwendigkeit* nach der Selbstbestimmung des Begriffs.« (9, 15)

Die Naturphilosophie versteht sich ebenso wie die moderne, auf teleologische Deutungen verzichtende Physik als »denkende« Naturbetrachtung; die Differenz ergibt sich Hegel zufolge aus der Art der Gedanken, die die denkende Betrachtung jeweils mitbringt und einsetzt:

> »Das, wodurch sich die Naturphilosophie von der Physik unterscheidet, ist näher die Weise der Metaphysik, deren sich beide bedienen; denn Metaphysik heißt nichts anderes als der Umfang der allgemeinen Denkbe-

stimmungen, gleichsam das diamantene Netz, in das wir allen Stoff bringen und dadurch erst verständlich machen. Jedes gebildete Bewußtsein hat seine Metaphysik, das instinktartige Denken, die absolute Macht in uns, über die wir nur Meister werden, wenn wir sie selbst zum Gegenstande unserer Erkenntnis machen. Die Philosophie überhaupt hat als Philosophie andere Kategorien als das gewöhnliche Bewußtsein; alle Bildung reduziert sich auf den Unterschied der Kategorien.« (9, 20; vgl. auch 9, 1)

Die Differenz zwischen moderner Physik und Naturphilosophie ist für Hegel nur eine kategoriale, die er an anderer Stelle mit der zwischen Verstand und Vernunft erläutert: Gibt sich die Physik mit bloß reflektierenden Verstandesbegriffen zufrieden, so trachtet die Naturphilosophie danach, das Allgemeine der Natur in »seiner *eigenen, immanenten Notwendigkeit* nach der Selbstbestimmung des Begriffs« zu begreifen. Was »Selbstbestimmung des Begriffs« heißt, war in der *WL* expliziert worden; also ist die Hegelsche Naturphilosophie nichts anderes als denkende Naturbetrachtung im Lichte der *WL* – »Intellektualansicht« (5, 44) der Natur.

Damit aber der Rationalitätsanspruch der Naturphilosophie verteidigt werden kann, muß auch noch ihr Verhältnis zur Empirie geklärt werden; die Philosophen können sich über die wissenschaftliche Erfahrung nicht einfach hinwegsetzen, wenn sie nicht all das Verächtliche bestätigen wollen, was damals wie heute Wissenschaftler den philosophischen Spekulanten nachzusagen pflegen:

»Von dem Verhältnis der Philosophie zum Empirischen ist in der allgemeinen Einleitung die Rede gewesen. Nicht nur muß die Philosophie mit der Naturerfahrung übereinstimmend sein, sondern die *Entstehung* und *Bildung* der philosophischen Wissenschaft hat die empirische Physik zur Voraussetzung und Bedingung. Ein anderes aber ist der Gang des Entstehens und die Vorarbeiten einer Wissenschaft, ein anderes die Wissenschaft selbst; in dieser können jene nicht mehr als Grundlage erscheinen, welche hier vielmehr die Notwendigkeit des Begriffs sein soll. – Es ist schon erinnert worden, daß, außerdem daß der Gegenstand nach seiner *Begriffsbestimmung* in dem philosophischen Gange anzugeben ist, noch weiter die *empirische* Erscheinung, welche derselben entspricht, namhaft zu machen und von ihr aufzuzeigen ist, daß sie jener in der Tat entspricht. Dies ist jedoch in Beziehung auf die Notwendigkeit des Inhalts kein Berufen auf die Erfahrung.« (9, 15)

Von der empirischen Physik unterscheidet sich Hegels Naturphilosophie somit nicht dadurch, daß sie sich über die Erfahrung hinwegsetzt, sondern nur durch die Rolle, die sie ihr zuweist. Die Übereinstimmung mit der Empirie wird ausdrücklich gefordert und deren Bedeutung für die Genese der Naturphilosophie nachdrücklich hervorgehoben, aber die Funktion als Geltungsbasis der Philosophie wird ihr abgesprochen; bei aller Schätzung der Empirie ist Hegel kein Empirist. Hegel ist auch in dem Sinne Idealist, daß in seiner Philosophie generell und damit auch in der Naturphilosophie die »Notwendigkeit des Begriffs«, die in der *WL* als der Wissenschaft der absoluten Idee expliziert wurde, die »Grundlage« allen wissenschaftlichen Wissens sein soll. Daraus ergibt sich die merkwürdige Umkehrung der uns vertrauten Verhältnisse: Nicht die »Begriffsbestimmung« des Gegenstandes muß der »empirischen Erscheinung« entsprechen, sondern umgekehrt; von ihr ist »aufzuzeigen«, daß sie der Begriffsbestimmung entspricht.[104] Einer apokryphen Überlieferung zufolge soll Hegel gesagt haben: »Wenn die Tatsachen mit dem Begriff nicht übereinstimmen – um so schlimmer für die Tatsachen.«[105] Wenn er dies nicht wirklich gesagt haben sollte, so ist es doch gut erfunden, denn in der Tat folgt ja aus der Voraussetzung, daß der als Idee explizierte Begriff das Absolute ist, die Konklusion, daß alle Tatsachen dieser Macht unterworfen sind, und in diesem Sinn heißt es: »Alle Revolutionen, in den Wissenschaften nicht weniger als in der Weltgeschichte, kommen nur daher, daß der Geist jetzt zum Verstehen und Vernehmen seiner, um sich zu besitzen, seine Kategorien geändert hat, sich wahrhafter, tiefer, sich inniger und einiger mit sich erfassend.« (9, 20 f.)

Was Hegel in seinen Vorlesungen noch offensiv als Überlegenheit der Naturphilosophie gegenüber der empirischen Naturwissenschaft vertrat, konnte von seinen Schülern nur mehr als ein schiedlich-friedliches Nebeneinander verteidigt werden.[106] Mit seiner Parteinahme gegen Newton – sowohl in Fragen der Himmelsmechanik, wo er glaubte, Kepler gegen Newton verteidigen zu müssen (vgl. 9, 85 ff.), wie in der Farbenlehre, wo er Goethes Partei vertrat (vgl. 9, 241 ff.) – machte sich Hegel unter Naturwissenschaftlern schließlich ganz unmöglich. Die Schwelle der Lächerlichkeit wurde überschritten, als im Rahmen der ersten Gesamtausgabe bekannt wurde, daß Hegel in seiner Habilitationsschrift (1801) in Anlehnung an Kepler und aus a priori vernünftigen Prinzipien zu beweisen versucht hatte, daß es zwischen Mars und Jupiter keine Planeten oder Planetoiden geben könne, obwohl genau in diesem Jahr der Planetoid Ceres entdeckt worden war.[107] An dem Eindruck, daß Hegels Projekt der Naturphilosophie gescheitert ist, konnten auch die wenigen Anknüpfungs- und Wiederbelebungsversuche bis heute nichts ändern.

Begriff der Natur

Wenn die *WL*, theologisch gesprochen, »Gott in seinem ewigen Wesen vor der Erschaffung der Natur und eines endlichen Geistes« darstellt, so muß eine absolute Philosophie auch diese »Erschaffung« und dann das so Erschaffene darzustellen imstande sein. Im Übergang von der *WL* in die Naturphilosophie gilt es darum, das theologische *mysterium creationis* (Schöpfungsgeheimnis) begrifflich zu fassen. Wie also ist das Verhältnis von Idee und Natur philosophisch zu begreifen? Die einschlägigen Stellen der *WL* und der *EPW* sind rätselhaft: »Indem die Idee sich nämlich als absolute *Einheit* des reinen Begriffs und seiner Realität setzt, somit in die Unmittelbarkeit des *Seins* zusammennimmt, so ist sie als die *Totalität* in dieser Form – *Natur.*« (6, 573) Hegel setzt schon rein typographisch diesen Übergang als Überraschung in Szene, und zu seiner Deutung genügt es nicht, sich daran zu erinnern, daß bei Hegel bei allen dialektischen Übergängen immer zunächst eine neue Unmittelbarkeit erscheint. Er muß zeigen, daß es sich bei *dieser* neuen Unmittelbarkeit um ein Sein handelt, das nicht mehr in den Umkreis der absoluten Idee fällt: Es geht um das Kunststück, begrifflich das zu denken, was den Begriff transzendiert – die Natur als das Andere der Idee. In der *EPW* heißt es: »Die Idee, welche *für sich* ist, nach dieser ihrer *Einheit* mit sich *betrachtet*, ist sie *Anschauen*; und die anschauende Idee *Natur*. Als Anschauen aber ist die Idee in einseitiger Bestimmung der Unmittelbarkeit oder Negation durch äußerliche Reflexion gesetzt. Die absolute *Freiheit* der Idee aber ist, daß sie nicht bloß ins *Leben* übergeht, noch als endliches Erkennen dasselbe in sich *scheinen* läßt, sondern in der absoluten Wahrheit ihrer selbst sich *entschließt*, das Moment ihrer Besonderheit oder des ersten Bestimmens und Andersseins, die *unmittelbare Idee* als ihren Widerschein, sich als *Natur* frei *aus sich zu entlassen.*« (8, 393)

Hegel nimmt hier zunächst Zuflucht zu Schellings Denkfigur, daß die Natur nichts anderes sei als das Absolute im Modus der Anschauung. Er korrigiert sie jedoch sogleich, weil sie im Sinne eines äußerlichen Verhältnisses von Idee und Natur verstanden werden könnte, das ja wieder in das Absolute selbst fallen müßte. Die absolute Freiheit der Idee geht nach Hegel auch noch über solche Binnenverhältnisse und über die Bestimmungen »Leben« und »Erkennen« hinaus, die auf den letzten Seiten der *WL* als immer noch innerlogische abgehandelt wurden. Somit bleibt für den logisch inkommensurablen Übergang der Idee in die Natur als Erklärung nur der »Entschluß« der Idee übrig, »sich als *Natur* frei *aus sich zu entlassen*«, und genau diese Rätselhaftigkeit hatte auch das theologische *mysterium creationis* ausgemacht, das Hegel trotz aller begrifflichen Anstrengungen nicht zu reduzieren vermochte.[108]

Das Mysteriöse des Hegelschen Übergangs der Idee in die Natur wird auch durch andere überlieferte Zusatztexte nicht geringer; immer wieder appelliert Hegel an die theologische Bildung seiner Zuhörer, um hier die Evidenzen zu mobilisieren, die in Wahrheit aus der *WL* zu beziehen wären: »Ist Gott das Allgenügende, Unbedürftige, wie kommt er dazu, sich zu einem schlechthin Ungleichen zu entschließen? Die göttliche Idee ist eben dies, sich zu entschließen, dieses Andere aus sich herauszusetzen und wieder in sich zurückzunehmen, um Subjektivität und Geist zu sein.« (9, 24) Daß hier in philosophischen Termini von Gott, dem Vater, dem Sohn und dem Heiligen Geist die Rede ist, bestätigt der folgende Text; hier verbindet Hegel das *mysterium creationis* mit dem *mysterium trinitatis* (Geheimnis der Dreieinigkeit) nach dem Vorbild des Nizänischen Glaubensbekenntnisses, das Jesus Christus nennt als »den eingebornen Sohn Gottes, vom Vater abstammend vor allen Zeiten, Gott vom Gott, Licht vom Lichte, wahrer Gott vom wahren Gotte, nicht erschaffen, gleichen Wesens mit dem Vater, durch den alles erschaffen ist«, und dann vom Heiligen Geist sagt, daß er »aus dem Vater und Sohne« hervorgehe.[109] Die Verknüpfung der Trinität mit der Figur der Subjektivität, die Hegel vornimmt, geht – wie erwähnt – schon auf Augustinus zurück, dessen Trinitätsspekulation zur Grundlage des uns vertrauten Bewußtseinsbegriffs wurde, den die Antike nicht kannte.[110] Die Erschaffung der Welt durch den Sohn muß aber zugleich als eine Entfremdung zwischen Gott und dem Sohn gedacht werden, die die Theologie im *mysterium incarnationis* (Geheimnis der Fleischwerdung Gottes) vor Augen hatte: »In Christus ist der Widerspruch gesetzt und aufgehoben, als Leben, Leiden und Auferstehen; die Natur ist der Sohn Gottes, aber nicht als der Sohn, sondern als das Verharren im Anderssein, – die göttliche Idee als außerhalb der Liebe für einen Augenblick festgehalten. Die Natur ist der sich entfremdete Geist, der darin nur *ausgelassen* ist, ein bacchantischer Gott, der sich selbst nicht zügelt und faßt; in der Natur verbirgt sich die Einheit des Begriffs.« (9, 25) Die ganze Natur als den inkarnierten Sohn Gottes anzusehen ist in den Augen der Amtskirche jedoch Ketzerei; eine solche unmittelbare Verknüpfung von Schöpfung, Trinität und Inkarnation gilt hier als unzulässig. So ist es kein Zufall, daß sich Hegel an anderer Stelle auf einen berühmten Ketzer beruft, dessen Wirkungsgeschichte in der romantischen Naturspekulation noch unmittelbar präsent war: »Die Natur ist das Negative, weil sie das Negative der Idee ist. Jakob Böhme sagt, Gottes erste Geburt sei Luzifer, – dieses Lichtwesen habe sich in sich hineinimaginiert und sei böse geworden; das ist das Moment des Unterschiedes, das Anderssein, festgehalten gegen den Sohn, der das Anderssein in der Liebe ist. Solche Vorstellungen, die wild im orientalisierenden Geschmack vorkommen, haben ihren Grund und ihre Bedeutung in der negativen Natur der Natur.« (9, 30)

Die »negative Natur der Natur« – ihre sich gegen die Idee verschließende Andersheit – bedingt auch ihre innere Struktur: »Die Natur hat sich als die Idee in der Form des *Andersseins* ergeben. Da die *Idee* so als das Negative ihrer selbst oder *sich äußerlich* ist, so ist die Natur nicht äußerlich nur relativ gegen diese Idee (und gegen die subjektive Existenz derselben, den Geist), sondern die *Äußerlichkeit* macht die Bestimmung aus, in welcher sie als Natur ist.« (9, 24) Die Natur ist demzufolge nicht »äußerlich« relativ zu Idee und Geist, sondern in sich selbst äußerlich: Sie besitzt kein synthetisierendes Prinzip, das in ihr eine innere Einheit stiftete. Die fundamentalen Bestimmungen dieser Äußerlichkeit sind nach Hegel Raum und Zeit; mit ihnen beginnt seine Naturphilosophie. (Vgl. 9, 41 ff.) Ein weiterer Aspekt dieser Äußerlichkeit betrifft nach Hegel die Tatsache, daß in der Natur blinde Notwendigkeit und Zufälligkeit herrschen und nicht die Freiheit des Begriffs, den die *WL* im Übergang von der objektiven in die subjektive Logik erreicht hat. (Vgl. 9, 27 ff.) Dies führt Hegel zu erstaunlichen Bemerkungen über die »*Ohnmacht* der Natur«, die wesentlich darin bestehe, daß sie unterhalb des Niveaus des Begriffs verbleibe: »Es ist die *Ohnmacht* der Natur, die Begriffsbestimmungen nur abstrakt zu erhalten und die Ausführung des Besonderen äußerer Bestimmbarkeit auszusetzen« (9, 34); sie bestehe in der Unfähigkeit, »den Begriff in seiner Ausführung festzuhalten« (9, 35). So liege es an der Natur selbst, wenn es nicht möglich ist, sie in der Naturphilosophie als durch und durch vernünftig zu begreifen. (Vgl. 9, 35) Hier kann man sich leicht den Hohn aller modernen Naturwissenschaftler vorstellen, denen Hegel zumutet zu glauben, daß die Natur selbst daran schuld sei, wenn die Naturphilosophie auf Grenzen stößt.

Stufen der Natur

»Der *Widerspruch* der Idee, indem sie als Natur sich selbst äußerlich ist« (9, 34) – das ist der Ausgangspunkt der Hegelschen Naturphilosophie; ihr Ziel bestimmt er wieder in theologischen

Anspielungen auf Tod und Auferstehung des Sohnes Gottes: »Die Natur ist *an sich* ein lebendiges Ganzes; die Bewegung durch ihren Stufengang ist näher dies, daß die Idee sich als das *setze*, was sie *an sich* ist; oder, was dasselbe ist, daß sie aus ihrer Unmittelbarkeit und Äußerlichkeit, welche der *Tod* ist, *in sich* gehe, um zunächst als *Lebendiges* zu sein, aber ferner auch diese Bestimmtheit, in welcher sie nur eben ist, aufhebe und sich zur Existenz des Geistes hervorbringe, der die Wahrheit und der Endzweck der Natur und die wahre Wirklichkeit der Idee ist.« (9, 36) Die Naturphilosophie muß somit den Beweis antreten, daß die Natur sich selbst in ihrem »Stufengang« als das erweist, was sie »an sich« ist – Idee: »Die denkende Naturbetrachtung muß betrachten, wie die Natur an ihr selbst dieser Prozeß ist, zum Geiste zu werden, ihr Anderssein aufzuheben, – und wie in jeder Stufe der Natur selbst die Idee vorhanden ist; von der Idee entfremdet ist die Natur nur der Leichnam des Verstandes.« (9, 25) In der Natur, die zunächst der Tod der Idee ist, findet somit selbst die Auferstehung des »Leichnams des Verstandes« statt; jedenfalls vermag die »denkende Naturbetrachtung« sie darin zu erkennen: »Die Naturphilosophie gehört selbst zu diesem Wege der Rückkehr; denn sie ist es, welche die Trennung der Natur und des Geistes aufhebt und dem Geiste die Erkenntnis seines Wesens in der Natur gewährt.« (9, 24) Nicht zufällig ist in diesem Zusammenhang auch von der »Lebendigkeit« die Rede, die die Natur im organischen Bereich schon selbst erreicht, spricht doch das Nizänische Glaubensbekenntnis vom Geist als dem Lebendig-Machenden (*vivificans*); die Verknüpfung von Leben und Geist gehört zu den beständigsten Leitmotiven des Hegelschen Denkens mit theologischer Wurzel.

Die Naturphilosophie hat somit nach Hegel die Auferstehung der Toten (*resurrectio mortuorum*) als Wiederbelebung der in der Natur toten Idee und deren Wiederkehr als Geist zu betrachten und zu begreifen, und die These ist, dies sei möglich, wenn man das empirische Wissen der Physik in die Perspektive der *WL* rücke. Physik allein genügt nicht: »Weil die Weise der Physik den Begriff nicht befriedigt, darum wird weiter fortgeschritten.« (9, 20) In dieser Sicht der Dinge erweise sich die Natur als ein Reich von Stufen, was aber nur begrifflich und nicht genetisch zu verstehen sei; für Hegel ist Evolutionstheorie noch unterhalb des philosophischen Niveaus. (Vgl. 9, 31 f.) Die Grobgliederung der Naturphilosophie lautet: »Mechanik – Physik – organische Physik«, wobei die »Mechanik« im wesentlichen die Newtonsche mathematische Naturwissenschaft, die »Physik« die qualitativ bestimmten Disziplinen wie Optik, Wärmelehre, Akustik, Farbenlehre, Magnetismus, Elektrizitätslehre und die Chemie umfaßt; die »organische Physik« hingegen enthält die Geologie (!), Botanik und Zoologie. Der alles entscheidende Übergang ist zugleich der schwierigste – der vom »Tod des [organischen] Individuums aus sich selbst« (9, 535) zum Geist (vgl. 9, 537). Hier bezieht sich Hegel zurück auf die Dialektik des Lebens und des Lebendigen, die ihm schon in der *PhG* als Manifestation des Geistes gegolten hat. Wie aber können wir verstehen, daß der aus dem immanenten Lebensprozeß des organischen Individuums selbst hervorgehende Tod nicht nur die Bestätigung des Lebens, sondern darüber hinaus auch die Erhebung des Lebendigen auf die Stufe der »Subjektivität des Begriffs« bedeute, wodurch sich die Idee im Durchgang durch die Natur schließlich als Geist wiederherstelle?

Philosophie des Geistes

In diesem Systemteil zeigt sich die Philosophie Hegels in ihrer ganzen Stärke, was auch viele seiner Gegner einräumen. Im Unterschied zur abstrakten *WL* und der fast einhellig abgelehnten Naturphilosophie finden wir in der Philosophie des Geistes eine inhaltliche Vielfalt vor, die sie im Kontrast zu den formalistischen Neigungen insbesondere des Neukantianismus auch bei Nichthegelianern als attraktiv oder zumindest als diskutierenswert erscheinen ließ. Wegen ihres Materialreichtums ist Hegels Geist-Philosophie auch am zugänglichsten für Laien und am wenigsten der Einführung bedürftig. Freilich sind auch hier die Gewichte ungleich verteilt. Nahezu unbekannt blieb der Teil »Der subjektive Geist«, der Hegels Anthropologie, die zum Systemteil herabgesetzte »Phänomenologie des Geistes« als Lehre vom Bewußtsein und schließlich die eigentliche »Psychologie« umfaßt, worunter Hegel annähernd das thematisiert, was sich in *De anima* (Von der Seele) des Aristoteles abgehandelt findet, also die theoretischen und praktischen Vermögen des Bewußtseins: Anschauung, Vorstellung, Denken, Gefühl, Triebe, Willkür und Wille. (Diesem Werk des Aristoteles gibt Hegel ausdrücklich den Vorrang als Vorbild vor der Psychologie seiner Zeit – als das »noch immer vorzüglichste oder einzige Werk von spekulativem Interesse über diesen Gegenstand« (10, 11).) Der Rezeption dieser »Psychologie«, die sehr glücklich als »Psychologie aus dem Begriff« bezeichnet wurde [111], stand schon zu Hegels Lebzeiten die Entstehung der modernen empirischen Psychologie entgegen, die sich in der zweiten Jahrhunderthälfte als »Naturwissenschaft des Geistes« und in unserem Jahrhundert fast gänzlich als Verhaltenswissenschaft konstituierte.

Die Lehre vom »objektiven Geist« umfaßt die gesamte praktische Philosophie Hegels, also Rechts-, Moral-, Sozial-, Staats- und Geschichtsphilosophie, die er in ausgearbeiteter Form unter dem Titel *Grundlinien der Philosophie des Rechts (GPR)* veröffentlichte. Sie entfaltete eine vom übrigen System weitgehend unabhängige Wirkungsgeschichte und wird deswegen hier in einem eigenen Kapitel (Kap. 6: Praktische Philosophie) vorgestellt. Während die *GPR* stets der Gegenstand vor allem kritischer Auseinandersetzungen waren, wurde an Hegels Lehre vom »absoluten Geist« fast durchweg positiv angeknüpft. Sie liegt freilich nur in der Form vor, wie er sie auf der Grundlage der entsprechenden Paragraphen des *EPW* in seinen Vorlesungen mündlich vorgetragen hatte und wie sie dann in Vorlesungsnachschriften überliefert und von Hegelschülern für die erste Gesamtausgabe redigiert worden ist. Mit seiner *Ästhetik* (TWA 13-15), die in Wahrheit eine umfassende Philosophie der Kunst und nicht nur des Kunsterlebens präsentiert, wurde Hegel zum wichtigsten Stammvater der wissenschaftlichen Kunstgeschichte und der materialen Kunsttheorie. Die großen *Vorlesungen über die Philosophie der Religion* (TWA 16-17) haben der modernen, von der Theologie unabhängigen Religionswissenschaft den Weg gebahnt, und mit seinen *Vorlesungen über die Geschichte der Philosophie* (TWA 18-20) hat Hegel eine Philosophiegeschichtsschreibung begründet, die nicht mehr bloß Leben und Meinungen historischer Denker berichtet, sondern selbst philosophische Ansprüche erhebt – als Philosophie der Philosophie; hier war er das große Vorbild aller bedeutenden Philosophiehistoriker bis in unser Jahrhundert. Sieht man von den Geschichtswissenschaften ab, die ihr Selbstverständnis durchweg in Opposition zu Hegels Geschichtsphilosophie definierten, kann man sagen, daß er durch die Wirkung seiner Philosophie des »absoluten Geistes« das begründete, was man in Deutschland mindestens seit Wilhelm Dilthey die »Geisteswissenschaften« nennt.

Zum Begriff des Geistes

Verglichen mit der Fassung des Geistbegriffs in der *PhG* erfolgt in der *EPW* eine erhebliche Präzisierung: Dort bedeutete »Geist«

einmal das Ganze, das sich im Stufengang der Erfahrung aus Bewußtsein, Selbstbewußtsein, Vernunft, Geist, Religion und absolutem Wissen ergibt, und dann auch den Geist als eine dieser Stufen neben Bewußtsein, Selbstbewußtsein etc. Diese Zweideutigkeit wird in der *EPW* dadurch beseitigt, daß Bewußtsein, Selbstbewußtsein und Vernunft unter dem Titel »Phänomenologie des Geistes« in der Philosophie des »subjektiven Geistes« lokalisiert werden, der Geist im engeren Sinn des Wortes dem »objektiven Geist« zugeordnet ist und Kunst, Religion und absolutes Wissen = Philosophie im Systemteil »absoluter Geist« erscheinen. Auf die wichtige Differenzierung zwischen dem objektiven und dem absoluten Geist, die Hegel erst in seiner Heidelberger Zeit (1816-18) vornahm, wird im Zusammenhang des Sittlichkeits-Kapitels zurückzukommen sein.

Hegels definitive »Definition« des Geistes lautet: »Der Geist hat *für uns die Natur* zu seiner *Voraussetzung*, deren *Wahrheit* und damit deren *absolut Erstes* er ist. In dieser Wahrheit ist die Natur verschwunden, und der Geist hat sich als die zu ihrem Fürsichsein gelangte Idee ergeben, deren *Objekt* ebensowohl als das *Subjekt* der *Begriff* ist. Diese Identität ist *absolute Negativität*, weil in der Natur der Begriff seine vollkommene äußerliche Objektivität hat, diese seine Entäußerung aber aufgehoben und er in dieser identisch mit sich geworden ist. Er ist diese Identität somit zugleich nur als Zurückkommen aus der Natur.« (10, 17) Hegel unterscheidet zwischen dem Ersten »*für uns*« und dem »*absolut Ersten*«, wobei er eine berühmte Unterscheidung des Aristoteles wörtlich zitiert. Aristoteles unterschied zwischen dem Ersten der Natur nach (*próteron ph ysei*) und dem Ersten für uns (*próteron pròs hemâs*), wobei das erste Erste das Ziel der Erkenntnis meint, das wir dann erreicht haben, wenn wir die Prinzipien, die Gründe und Ursachen der Dinge erkannt haben; das zweite Erste hingegen ist der Ausgangspunkt unserer Untersuchung, den Aristoteles in der sinnlichen Wahrnehmung der Dinge sieht, so daß wir erkennend bei dem anfangen müssen, was in der Ordnung der Dinge und ihrer Gründung das Letzte und gänzlich Abgeleitete darstellt, während wir das sachlich Erste in der Abfolge der Erkenntnis erst ganz zuletzt erreichen.[112] Was bei Aristoteles das Verhältnis von Erkenntnis- und Seinsgründen betrifft, verlegt Hegel unmittelbar in die Ordnung der Gegenstandsbereiche der Philosophie selbst und gelangt so zu der These, daß die Naturphilosophie gezeigt habe, daß der Geist, der erst ganz an deren Ende auftritt und somit »*für uns die Natur zu seiner Voraussetzung*« hat, in Wahrheit das »absolut Erste« der Natur sei; er habe sich damit als die Idee selbst erwiesen, die im Durchgang durch die Natur nun »zu ihrem Fürsichsein«, d.h. zum wirklichen Bewußtsein ihrer selbst als Idee gelangt sei. Natürlich ist dieses »Zurückkommen aus der Natur« nicht genetisch oder gar historisch zu verstehen, sondern als Resultat einer rein begrifflichen Bewegung. Ebenso irreführend wäre die Deutung, der zufolge Hegel die Entstehung des Bewußtseins naturalistisch, also aus natürlichen Bedingungen erklären wolle, denn Hegel zufolge ist zwar die Natur die »vollkommene *äußerliche Objektivität*« der Idee, aber eben die äußerliche Objektivität *der Idee*, die nun mit dem Ende der Naturphilosophie aufgehoben sein soll: Die »Intellektualansicht« der Natur soll also nicht nur Ansichtssache gewesen sein, sondern ihr wahres Wesen betreffen.

Die letzten möglichen Zweifel an der theologischen Herkunft dieser »Intellektualansicht« der Natur zerstreut Hegel selbst: »Das *Offenbaren*, welches als das Offenbaren der *abstrakten* Idee unmittelbarer Übergang, *Werden* der Natur ist, ist als Offenbaren des Geistes, der frei ist, *Setzen* der Natur als *seiner* Welt; ein Setzen, das als Reflexion zugleich *Voraussetzen* der Welt als selbständiger Natur ist. Das Offenbaren im Begriffe ist Erschaffen derselben als seines Seins, in welchem er die *Affirmation* und *Wahrheit* seiner Freiheit sich gibt.« (10, 29) Was am Ende der *WL* nur behauptet wurde, soll jetzt erwiesen sein: Die Natur ist die Offenbarung des Geistes, und »der Geist« ist Gott, der die Welt aus Freiheit geschaffen hat:

»*Das Absolute ist der Geist*; dies ist die höchste Definition des Absoluten. – Diese Definition zu finden und ihren Sinn und Inhalt zu begreifen, dies, kann man sagen, war die absolute Tendenz aller Bildung und Philosophie, auf diesen Punkt hat sich alle Religion und Wissenschaft gedrängt; aus diesem Drang allein ist die Weltgeschichte zu begreifen. – Das Wort und die *Vorstellung* des Geistes ist früh gefunden, und der Inhalt der christlichen Religion ist, Gott als Geist zu erkennen zu geben. Dies, was hier der Vorstellung *gegeben* und was *an sich* das Wesen ist, in seinem eigenen Elemente, dem Begriffe, zu fassen, ist Aufgabe der Philosophie, welche so lange nicht wahrhaft und immanent gelöst ist, als der Begriff und die Freiheit nicht ihr Gegenstand und ihre Seele ist.« (10, 29 f.)

Die »geoffenbarte Religion« und die Philosophie verhalten sich Hegel zufolge in der Lehre des Verhältnisses von Natur und Geist nur wie Vorstellung und Denken zueinander.

»Geist« als »Kultur«?

Im vierten Kapitel wurde vorgeschlagen, den mißverständlichen Hegelschen Geist-Begriff mit »Kultur« zu übersetzen. Dies macht kaum Schwierigkeiten in bezug auf den »absoluten Geist«, denn daß Kunst, Religion und Wissenschaft = Philosophie kulturelle Phänomene sind, hat wohl noch niemand bestritten; in diesem Sinne wurde ja auch von den südwestdeutschen Neukantianern, Ernst Cassirer und einer zunehmenden Zahl zeitgenössischer Autoren vorgeschlagen, statt von Geisteswissenschaften besser von Kulturwissenschaften zu sprechen, um den irreführenden Ausdruck »Geist« zu vermeiden. Daß Recht, Moral, Gesellschaft, Staat und Weltgeschichte zur Kultur gehören, wird nur dem nicht einleuchten, der unter »Kultur« nur das versteht, was neben all diesen Bereichen besteht und wofür unsere Kultusminister zuständig sind, ohne dafür jemals genügend Mittel zu haben – also Kunst, Literatur, Theater, Musik, Bildung und Wissenschaft – und was die Marxisten im Unterschied zur »Basis« der Produktion den »Überbau« nannten. Dieser enge Kulturbegriff bezieht sich somit nur auf einen Teilbereich dessen, was Kultur im umfassenden Sinn des Wortes meint (»KULTUR«): das Nicht-Natürliche, von Menschen Gemachte und zu Erhaltende, weil es sich nicht von selbst versteht und erhält, die eigentliche Menschenwelt.[113] Versteht man somit die Kultur als »KULTUR«, dann macht es keine Schwierigkeit, auch Hegels »objektiven Geist« so zu verstehen. Wie aber ist es mit dem »subjektiven Geist«?

Hier scheint doch zumindest in der »Anthropologie« auch vom Menschen als Naturwesen die Rede sein zu müssen; die alte Definition des Menschen als *animal rationale* hat ja nie bedeutet, daß der Mensch reines Vernunftwesen sei, sondern die Weisheit ausgedrückt, daß wir in unserem Wesen *animalitas* (Lebewesen-Sein) und *rationalitas* (Vernünftigkeit im Sinne von Vernunftfähigkeit) in spannungsvoller Weise vereinen. Genau dies aber bestreitet Hegel, weil ihm zufolge dort, wo vom Menschen die Rede ist, von der Natur nicht mehr geredet werden kann; immer ist der Mensch schon über die Natur hinaus. Von seiner *animalitas* oder Natürlichkeit muß freilich auch weiterhin gesprochen werden, allerdings nur im Modus der bestimmten Negation, die der Geist gegenüber der Natur verkörpert. Das Natürliche betrifft somit in Hegels Anthropologie nur mehr die Unmittelbarkeit und Unbestimmtheit, mit der der subjektive

Geist zunächst auftritt – als »*Seele* oder *Naturgeist*« (10, 38). Daraus ergibt sich insgesamt eine »Intellektualansicht« des »subjektiven Geistes«, die vor allem in der Lehre von den Trieben, Emotionen, Affekten und Gefühlen deutlich wird. Hegel ist nicht bereit, dies alles als »innere Natur« in dem Sinne anzuerkennen, als handle es sich um »bloße« Natur im Menschen; vielmehr soll es sich dabei insgesamt »an sich« oder in Wahrheit um »Denken« handeln. Er wird nicht müde, vor allem im Widerstand gegen den modischen Antiintellektualismus seiner romantischen Zeitgenossen darauf zu bestehen, daß der Mensch »denkend« sei, was bedeutet, daß auch in unseren Trieben, Emotionen, Affekten und Gefühlen immer schon das Denken am Werke sei. (Vgl. 8, 21 ff. und 71 ff.) Hegel rehabilitiert damit die alte stoische Lehre, die auch unsere Affekte und Emotionen als Urteile der Seele deutete.[114] Ehe man sich über so viel Intellektualismus wundert, sollte man sich fragen, was es denn sei, was unsere psychischen Zustände und Vorgänge überhaupt zu Erlebnissen und damit zu menschlichen Zuständen und Vorgängen mache, wenn das nicht unsere sprachliche Vernunft bewirkt, in der sich all das spiegelt. Freilich sind die Konsequenzen, die Hegel daraus zieht, erheblich; sie bedeuten, daß er allen prärationalen oder präintellektuellen Zuständen oder Vorgängen des »subjektiven Geistes« jede selbständige Existenz abspricht:

»Die Bestimmungen und Stufen des Geistes [...] sind wesentlich nur als Momente, Zustände, Bestimmungen an den höheren Entwicklungsstufen. Es geschieht dadurch, daß an einer niedrigeren, abstrakteren Bestimmung das Höhere sich schon empirisch vorhanden zeigt, wie z.B. in der Empfindung alles höhere Geistige als Inhalt oder Bestimmtheit. Oberflächlicherweise kann daher in der Empfindung, welche nur eine abstrakte Form ist, jener Inhalt, das Religiöse, Sittliche usf., wesentlich seine Stelle und sogar Wurzel zu haben und seine Bestimmungen als besondere

Arten der Empfindung zu betrachten notwendig scheinen. Aber zugleich wird es, indem niedrigere Stufen betrachtet werden, nötig, um sie nach ihrer empirischen Existenz bemerklich zu machen, an höhere zu erinnern, an welchen sie nur als Formen vorhanden sind, und auf diese Weise einen Inhalt zu antizipieren, der erst später in der Entwicklung sich darbietet (z.B. beim natürlichen Erwachen das Bewußtsein, bei der Verrücktheit den Verstand usf.).« (10, 16 f.)

Auf diese Weise ist für Hegel auch die »Verrücktheit« nur eine intellektuelle Verirrung: nicht »abstrakter Verlust der Vernunft, weder nach der Seite der Intelligenz noch des Willens und seiner Zurechnungsfähigkeit, sondern *nur* [Hervorhebung von mir] Verrücktheit, nur Widerspruch in der noch vorhandenen Vernunft, wie die physische Krankheit nicht abstrakter, d.i. gänzlicher Verlust der Gesundheit (ein solcher wäre der Tod), sondern ein Widerspruch in ihr ist.« (10, 163) Hegels »Intellektualansicht« des Menschen macht ja sogar auch die physische Krankheit zu einem logischen Phänomen.

Besondere Bedeutung gewinnt diese Lehre von der unselbständigen Existenz des Prärationalen und Irrationalen im Felde des »subjektiven Geistes«, wenn es um die »Triebe, Neigungen und Leidenschaften« geht. Sie sollen in sich selbst gar keinen »wahrhaften Gehalt« haben: »Die Abhandlung der Triebe, Neigungen und Leidenschaften nach ihrem wahrhaften Gehalte ist daher wesentlich die *Lehre* von den rechtlichen, moralischen und sittlichen *Pflichten*.« (10, 297) Die traditionelle und insbesondere Kantische Entgegensetzung »Pflicht und Neigung« beruht somit nach Hegel nur auf einer Gedankenlosigkeit. Als den Pflichten entgegengesetzte sollen die Triebe, Neigungen und Leidenschaften keine Wahrheit haben; seine Philosophie ist optimistisch genug, uns glauben zu machen, sie strebten selbst nach ihrer Wahrheit im Bereich der Rechte und Pflichten:

»Die *formelle* Vernünftigkeit des Triebes und der Neigung besteht nur in ihrem allgemeinen Triebe, nicht als Subjektives zu sein, sondern durch die Tätigkeit des Subjekts selbst die Subjektivität aufzuheben, realisiert zu werden. Ihre wahrhafte Vernünftigkeit kann sich nicht in einer Betrachtung der *äußeren* Reflexion ergeben, welche *selbständige* Naturbestimmungen und *unmittelbare* Triebe voraussetzt und damit des einen Prinzips und Endzwecks für dieselbe ermangelt. Es ist aber die immanente Reflexion des Geistes selbst, über ihre *Besonderheit* wie über ihre natürliche *Unmittelbarkeit* hinauszugehen und ihrem Inhalte Vernünftigkeit und Objektivität zu geben, worin sie als *notwendige* Verhältnisse, *Rechte* und *Pflichten* sind. Diese Objektivierung ist es denn, welche ihren Gehalt sowie ihr Verhältnis zueinander, überhaupt ihre Wahrheit aufzeigt.« (10, 297)

Mit der These, daß auch unsere sogenannte »innere Natur« nicht unabhängig vom Geist existiert und daß sie ihre Wahrheit immer erst auf der Stufe von Vernunft, Sprache und objektivem Geist gewinnt, rechtfertigt Hegel selbst die vorgeschlagene Übersetzung von »Geist« mit »Kultur«; auch für ihn ist der Mensch »von Natur ein Kulturwesen«[115].

6. Praktische Philosophie

In diesem Kapitel soll in Hegels praktische Philosophie eingeführt werden, die im System im Systemteil »Der objektive Geist« ihren Platz fand und von Hegel selbst ausgearbeitet und unter dem Titel der *GPR* veröffentlicht wurde; der abkürzende Ausdruck »Rechtsphilosophie« bürgerte sich erst nach Hegels Tod ein. Ihr ein eigenes einführendes Kapitel zu widmen empfiehlt sich zum einen wegen der immensen Bedeutung der *GPR* als dem letzten Entwurf einer *Philosophia practica universalis* in der Philosophiegeschichte, die wirklich alle Themen des Nachdenkens über die Welt der menschlichen Praxis umfaßt. Ein weiterer Grund dafür ist, daß ihr Themen- und Materialreichtum weit über das hinausgeht, was sich rein immanent aus den Prämissen des Hegelschen Systems deduzieren ließe; in Wahrheit ist Hegels praktische Philosophie nur ziemlich oberflächlich in die Systemarchitektur integriert, und die Ursache dafür muß man in der Tatsache sehen, daß ihre Grundideen für Hegel schon vor seiner eigenen Systemkonzeption feststanden. Bereits in den Theologischen Jugendschriften beschäftigt er sich mit der Frage, ob es nicht möglich sei, die von seiner Generation schwärmerisch verklärte antike Sittlichkeit unter Bedingungen des Christentums und der Neuzeit wieder aufzurichten; solche Ideen führen dann in der Schrift *Über die wissenschaftlichen Behandlungsarten des Naturrechts, seine Stelle in der praktischen Philosophie und sein Verhältnis zu den positiven Wissenschaften (WBN)* (1802/03) zu einem ersten theoretischen Entwurf, der den

Anspruch erhebt, eine neue Philosophie der Sittlichkeit zu sein. Hegel war ein guter Kenner der klassischen und neuzeitlichen Werke der praktischen Philosophie ebenso wie der in der Nationalökonomie entstehenden Sozialwissenschaften, und überdies verfolgte er als aufmerksamer Zeitungsleser[116] zeitlebens das Zeitgeschehen aufmerksam und wurde immer wieder selbst publizistisch tätig.[117] Ein eigenes Kapitel über Hegels praktische Philosophie ist schließlich auch deswegen angeraten, weil sie eine vom Schicksal des übrigen Systems weitgehend unabhängige Wirkungsgeschichte entfaltete. Hegel erwies sich in den *GPR* nicht nur als einer der ganz großen politischen Denker der Neuzeit, sondern auch als Mitbegründer der modernen Gesellschaftstheorie, und dies wurde auch und gerade von denen anerkannt, die mit seinem übrigen System nichts anzufangen wußten.

Diesen Respekt haben ihm nicht zuletzt seine erbittertsten Kritiker gezollt, und so wurden die *GPR* zu einem der am meisten kritisierten Werke der neueren philosophischen Literatur, während man die anderen Systemteile – vor allem die Naturphilosophie – bald nach Hegels Tod nicht mehr für kritikwürdig erachtete. Daran trägt er insofern selbst eine erhebliche Mitschuld, als er dem fertigen Werk bei der Publikation eine Vorrede voranschickte, die man nur als ein publizistisches Unglück bezeichnen kann. Dieser Text, auf den sich die Kritiker der *GPR* bis heute fast ausschließlich bezogen, ohne deren tatsächlichen Inhalt wirklich wahrzunehmen, senkte sich wie ein Vorhang vor dem Ganzen und machte es weitgehend unsichtbar. Vor allem der berühmte Satz: »Was vernünftig ist, das ist wirklich; und was wirklich ist, das ist vernünftig« (7, 24) zog ständig nicht nur Hohn und Spott, sondern auch Erbitterung und Verachtung auf sich, und er brachte Hegel den Ruf ein, alles Bestehende philosophisch zu verklären und zu rechtfertigen. Hegels eigene Verteidigung gegen diese Deutung jener Sentenz (vgl. 8, 47 f.) vermochte daran nichts zu ändern.

Zu verstehen ist dies nur, wenn man sich die Zeitumstände vergegenwärtigt. Bei seiner Übersiedelung von Heidelberg nach Berlin im Jahre 1818 waren die *GPR* so gut wie fertig; Hegel legte sie in Berlin seinen Vorlesungen zugrunde und begann mit der Vorbereitung der Publikation. Die Ermordung des Dichters Kotzebue durch den Burschenschaftler Sand 1819 löste die von Preußen, Österreich und Rußland gemeinsam verabredeten Karlsbader Beschlüsse aus, die auf strikte Zensur und die sogenannten Demagogenverfolgungen hinausliefen. Einige Schüler von Hegel gerieten in den Bereich staatlicher Ermittlungen und Sanktionen, und so hatte er selbst wirklich Grund, vorsichtig zu sein, zumal seine Berufung nach Berlin gegen den Widerstand der Fakultätsmehrheit und der preußischen Konservativen von Minister Altenstein unmittelbar durchgesetzt worden war. Hegel entschloß sich, die Veröffentlichung der *GPR* hinauszuzögern und erst einmal abzuwarten.

Durch den genauen Vergleich, den Karl-Heinz Ilting in den siebziger Jahren zwischen den überlieferten Vorlesungsnachschriften und dem endgültigen Text der *GPR* durchführte[118], wissen wir, daß Hegel in einigen Partien Veränderungen vornahm, die in Wahrheit mit der Gesamtkonstruktion nicht zusammenpassen, und daß er sich vor allem in Anmerkungstexten aus taktischen Gründen in offenen Widerspruch zu seinen eigenen systematischen Thesen setzte. Er wußte, daß er als Süddeutscher – also als ehemaliger Bürger der ehemaligen Rheinbundstaaten – in Preußen der Sympathien für republikanische und bonapartistische Bestrebungen verdächtig war. Offenbar deswegen änderte er die Lehre von der »fürstlichen Gewalt« entgegen der Struktur der *WL* in einer Weise, die man nur als »Fehler«[119] bezeichnen kann, seine Lehre aber als strikt monarchistisch erweisen sollte. Ein anderes Beispiel für solche opportunistischen Eingriffe ist in einer Anmerkung zu finden, wo Hegel, der zeit seines Lebens die Französische Revolution gefeiert hat, was dort geschah, nachträglich als bloße Verfassungsänderungen hinstellt (vgl. 7, 439; auch: 10, 336) – offenbar um nicht als Anhänger der Ideen von 1789 zu gelten.

Hegel war kein Held, und Heroismus hätte in der Hysterie der damaligen Zeit auch nichts Positives bewirkt, aber er vergriff sich in der Vorrede zu den *GPR* gründlich, und zwar nicht nur im Ton. Zum einen schmähte er seinen alten Jenaer Kollegen und Konkurrenten Fries wegen der Rede, die er als Freund der Burschenschaften auf dem Wartburgfest 1817 gehalten hatte, und dies obwohl Fries zu diesem Zeitpunkt deswegen schon seine Professur verloren hatte und strafrechtlich verfolgt wurde; in einer der ersten Rezensionen der *GPR* wurde dies bitter vermerkt, was Hegel im Gegenzug dazu veranlaßte, bei seinem Minister Schutz vor einer solchen angeblichen Verunglimpfung zu erbitten – freilich vergeblich.[120] Im übrigen verdächtigt Hegel in der Vorrede alle, die wie Kant und Fichte die prinzipielle Frage »Was soll ich tun?« zu stellen wagen, unmittelbar der Unsittlichkeit (vgl. 7, 14), und er scheut nicht davor zurück, sich als Philosoph den Kopf der Obrigkeit zu zerbrechen, wie sie mit solchen unsittlichen Geistern umgehen solle (vgl. 7, 21f.). In den berühmten Schlußpartien der Vorrede distanziert sich Hegel in eindrucksvollen Worten von allen philosophischen Versuchen, die soziale und politische Wirklichkeit an irgendwelchen Normen kritisch zu messen, denn alle Sollensprinzipien seien angesichts dessen, was ist – »denn das *was ist*, ist die Vernunft« (7, 26) –, bloß subjektiv und Ausdruck unsittlicher Eitelkeit. Ohnehin komme die Philosophie mit ihren Ansprüchen immer zu spät, denn »die Eule der Minerva [der Göttin der Weisheit] beginnt erst mit der einbrechenden Dämmerung ihren Flug«

(7, 28); die Aufgabe der Philosophie könne darum nur im nachträglichen Begreifen dessen bestehen, was vor ihr und unabhängig von ihr geworden ist.

Vergleicht man freilich das, was Hegel in den *GPR* als zugleich vernünftig und wirklich lehrt, mit den tatsächlichen Verhältnissen im damaligen postnapoleonischen Deutschland[121], so nimmt sich seine Philosophie ziemlich progressiv aus. In seiner Staatsphilosophie präsentiert er eine konstitutionelle Monarchie mit institutioneller Gewaltenteilung (vgl. 7, 432 ff.), wie sie in Preußen nach dem bis 1848 uneingelösten Verfassungsversprechen von 1813 gar nicht bestand. In der Gesellschaftslehre geht Hegel nicht nur von einer damals keineswegs realisierten freien Marktwirtschaft aus (vgl. 7, 346 ff.), sondern er beschreibt schon in drastischen Worten die sich als Folge der industriellen Revolution stellende »soziale Frage« der Akkumulation des Reichtums bei gleichzeitiger massenhafter Verelendung (vgl. 7, 389); hier brauchten die späteren Sozialisten und die Kommunisten Marx und Engels nur noch abzuschreiben. Die bescheidene Rolle, die die *GPR* dem Monarchen zuweisen – er ist hier eigentlich nur noch eine Art Bundespräsident –, brachte Hegel sogar eine Denunziation beim König durch die preußischen Konservativen ein, die dieser aber souverän zurückwies.[122]

Schließlich erlebte Hegel noch eine offene Attacke durch die konservativen Ideologen Schubarth und Carganico, die ihm 1829 die Unvereinbarkeit seiner Staatslehre mit dem tatsächlichen preußischen Staat vorhielten; darauf konnte Hegel noch selbst reagieren.[123] Zehn Jahre später wiederholte Schubarth seine Anwürfe in ausführlicherer Form unter dem Titel *Über die Unvereinbarkeit der Hegelschen Staatslehre mit dem obersten Lebens- und Entwicklungsprinzip des Preußischen Staats* (1839), die Hegels Schüler und zeitweiliger Vertreter in der Lehre der Rechtsphilosophie, Eduard Gans, noch im selben Jahr zu entkräften versuchte.[124] Ein Jahr später wendete sich das Blatt gänzlich zuungunsten Hegels und der Hegelianer, als Friedrich Wilhelm IV. unmittelbar nach seiner Thronbesteigung den alten Schelling auf Hegels einstigen Lehrstuhl berief und ihm die Aufgabe zudachte, »die Drachensaat« des Hegelianismus auszurotten.[125] Inzwischen war die Hegelsche Schule in zwei Parteien zerfallen – die konservativen Alt-Hegelianer und die revolutionären, das intellektuelle Klima des Vormärz wesentlich bestimmenden Jung-Hegelianer, zu denen Ludwig Feuerbach, Arnold Ruge und dann vor allem Marx und Engels gehörten. Jetzt wurde Hegels Philosophie gewissermaßen in die Zange genommen: Die »rechte« Kritik der preußischen Traditionalisten hatte sich ständig verschärft, und auf der »Linken« wurde er jetzt als Konservativer und Traditionalist attackiert. Im Jahre 1857 änderte sich das Bild erneut; Rudolf Haym veröffentlichte in einer Zeit, in der die Auseinandersetzungen zwischen den Hegelianern bereits historisch geworden waren, sein Werk *Hegel und seine Zeit*, das Hegels Rechtsphilosophie nun aus liberaler Sicht kritisiert, wodurch Hegel plötzlich als der Ideologe des preußischen Konservatismus erscheint, also genau der politischen Richtung, die ihn und seine Schüler jahrzehntelang verfolgt hatte. Haym stützt sich in seiner Kritik[126] wieder hauptsächlich auf die Vorrede zu den *GPR* sowie auf einige Anmerkungs- und Zusatztexte, und sein Hegel-Bild ist im bürgerlichen Liberalismus fast unverändert weitertradiert worden – bis hin zu den überaus polemischen, aber wenig sachkundigen Darstellungen Karl R. Poppers und Ernst Topitschs.[127] Es waren vor allem angelsächsische Autoren wie John Dewey, die im 20. Jahrhundert eine direkte Genealogie von Hegel zu Hitler nachweisen wollten, was Herbert Marcuse schon 1941 mit seinem Buch *Reason and Revolution* richtigzustellen versuchte. Wie kompliziert das Verhältnis des Nationalsozialismus zu Hegel war, mag man daran ermessen, daß in der deutschen Rechtstheorie in der Tat eine neuhegelianische, staatsautoritäre Strömung existierte (Julius Binder, Karl Larenz u.a.), zugleich aber der Nationalsozialist Carl Schmitt behauptete, mit der Machtergreifung Hitlers sei Hegel erst endgültig gestorben.[128]

Joachim Ritter begründete nach dem Zweiten Weltkrieg mit seinem Schülerkreis eine neue Tradition der Hegel-Deutung – vor allem durch seine berühmte Abhandlung *Hegel und die französische Revolution* (1957) –, die ihn als einen konservativen Theoretiker von Gesellschaft und Staat nach der politischen und industriellen Revolution versteht. Diese Deutung dürfte der Wahrheit am nächsten kommen, denn Hegel war in der Tat ein Kritiker des ökonomischen und politischen Liberalismus, ohne deswegen illiberal zu sein; wie viele Konservative nach ihm war er davon überzeugt, daß die Prinzipien des Liberalismus allein keine zureichende Basis für ein Leben in Freiheit sind. Wenn wir uns klarmachen, wie wenig unser ökonomisches und politisches System der reinen Lehre des klassischen Liberalismus entspricht, und dies akzeptieren, haben wir Hegel zum größten Teil recht gegeben.

Versucht man, die Frage zu beantworten, warum sich bis heute vor allem an Hegels Lehre vom »objektiven Geist« die Geister scheiden, so muß man zunächst feststellen, daß die *WL* so unzugänglich ist, daß sich da kaum genügend Streithähne finden lassen, um öffentliche Resonanz zu erzeugen. Die Naturphilosophie Hegels ist vergessen; der Sieg der modernen Naturwissenschaft ist hier so total, daß kein Streithahn mehr danach kräht. Im 5. Kapitel war schon von den immensen Beweislasten die Rede, die sich Hegel durch den Anspruch einhandelt, in seinem Gesamtsystem wie in allen Systemteilen die Wirksamkeit seiner spekulativen Grundfigur und damit die Wirklichkeit der Vernunft und der Vernünftigkeit des Wirklichen nachweisen zu können. In der Lehre vom »subjektiven Geist« mag die »Intellektualansicht« des Menschen einige Unplausibilitäten erzeugen, die freilich niemanden aufregen dürften, weil es sich ja hier ohnehin nicht um eine empirische Psychologie, sondern nur um eine »aus dem Begriff« handelt. Die Sphäre des »absoluten Geistes« – Kunst, Religion, Wissenschaft = Philosophie – als das eingeborene Reich des Intellektuellen, des *lógos* oder der absoluten Vernunft anzusehen enthält ebenfalls keine besondere Zumutung; vielmehr wird es den ästhetisch, religiös oder philosophisch Interessierten eher schmeicheln. Das Feld der rechtlichen, moralischen, sozialen, politischen und geschichtlichen Wirklichkeit dagegen ist der Bereich, wo sich die Beweiszwänge des Hegelschen Werkes ganz offen als untragbar erweisen; darum ist es nicht zufällig, daß sich das kulturelle Schicksal der Hegelschen Philosophie insgesamt an den *GPR* entschieden hat.

Da eine stattliche Reihe sehr brauchbarer Einführungen in Hegels praktische Philosophie existiert, beschränke ich mich im folgenden auf eine nur spärlich kommentierte Übersicht über die *GPR*.

Begriff des Rechts

Daß Hegel seine gesamte praktische Philosophie unter dem Titel *GPR* präsentiert, erklärt sich aus seinem sehr weiten Rechtsbegriff, dem zufolge es in aufsteigender Stufenfolge sowohl ein Recht des abstrakten Rechts wie der Moralität, der Sittlichkeit und schließlich der Weltgeschichte gibt, das Hegel als das »höchste« Recht bezeichnet. (Vgl. 7, 88) Seine Definition des Rechts lautet: »Dies, daß ein Dasein überhaupt *Dasein des freien Willens* ist, ist das *Recht*. – Es ist überhaupt die Freiheit, als Idee.« (7, 80) Daß das Recht sich auf den Willen gründet, ist ursprünglich ein theologischer Gedanke, wonach die Autorität aller legitimen Gesetze, die festlegen, was Rechtens ist, letztlich im Willen Gottes gründet, der sich nicht nur in den Zehn Geboten manifestiert, sondern auch in der Gewalt, die die Obrigkeit über uns hat.[129] Die Säkularisierung dieses Zusammenhanges zwischen Wille und Recht erfolgte in den neuzeitlichen Naturrechtslehren[130], denen zufolge Recht und Gesetz aus dem vereinigten Willen derer hervorgegangen sein sollen, die untereinander einen Gesellschaftsvertrag geschlossen und damit den Naturzustand verlassen hatten.

Die Verknüpfung von Recht und Freiheit ergibt sich aus der Tatsache, daß Rechte in unserer Tradition immer primär als Freiheiten i.S.v. Ermächtigungen zu etwas verstanden wurden; so räumt uns das Grundgesetz in den Grundrechten, die die staatlichen Eingriffsbefugnisse einschränken, bestimmte Grundfreiheiten ein. Daß nur der freie Wille Basis von Recht und Gesetz sein könne, ist die spezifische These der Rechtslehre von Kant, auf die sich Fichte und Hegel unmittelbar beziehen, wenn auch in verschiedener Weise. Im Unterschied zu Hobbes und Locke gab sich Kant nicht mit dem Prinzip bloßer Handlungsfreiheit zufrieden, er postulierte vielmehr Willensfreiheit in dem nachdrücklichen Sinn unbedingter Entscheidungsmöglichkeit des Willens als Basis aller gültigen Rechtsnormen. Hegel folgt Kant darin, daß auch für ihn das Recht keine natürliche, sondern eine durch den freien Willen gesetzte Tatsache ist – »Dasein des freien Willens«; so verkörpert es selbst die Freiheit. Daß das Recht die Freiheit »als Idee« ist, erklärt der schon zitierte § 1 der *GPR*: »*Die philosophische Rechtswissenschaft* hat die *Idee des Rechts*, den Begriff des Rechts und dessen Verwirklichung zum Gegenstande« (7, 29), wobei der Anmerkungstext darauf hinweist, daß die Idee Einheit von Begriff und Wirklichkeit ist und daß unter »Wirklichkeit« nichts anderes verstanden werden kann als die Verwirklichung des Begriffs durch den Begriff selbst. Im Unterschied zu Kant exponiert Hegel somit einen spekulativen Rechtsbegriff, denn er exemplifiziert erneut die spekulative Grundfigur seines Denkens: Das Recht ist demnach die Identität der Identität und Nichtidentität des freien Willens; in ihm steht dem subjektiven Willen eine Objektivität gegenüber, die er als die seinige, als seine Selbstverwirklichung erfahren kann und in der er frei ist im Sinne der Freiheit als »Bei-sich-selbst-Sein im Anderssein«. Dem Rechtsdenken Kants und seiner Vorläufer wirft Hegel vor, die Freiheit immer nur negativ gedacht zu haben – als wechselseitige Beschränkung der jeweils individuellen Willkür –, und wie schon in der *PhG* macht Hegel auch in den *GPR* diesen Gedanken unmittelbar für den revolutionären Terror der Jakobiner verantwortlich. (Vgl. 3, 431 ff. und 7, 80 f.) – Aus dem positiven oder »konkreten« Freiheitsbegriff Hegels folgt schließlich auch die ständige Entsprechung von Rechten und Pflichten auf allen Stufen der verwirklichten Freiheit. Daß wir uns gerade im Bewußtsein der Pflicht als freie Wesen erfahren, hat schon Kant gelehrt[131], aber Hegel behauptet, Kant habe dies wieder nur im Sinne des negativen Freiheitsbegriffs verstanden, und dem setzt er entgegen:

»Als *Beschränkung* kann die bindende Pflicht nur gegen die unbestimmte Subjektivität oder abstrakte Freiheit und gegen die Triebe des natürlichen oder des sein unbestimmtes Gute aus seiner Willkür bestimmenden moralischen Willens erscheinen. Das Individuum hat aber in der Pflicht vielmehr seine *Befreiung*, teils von der Abhängigkeit, in der es in dem bloßen Naturtriebe steht, sowie von der Gedrücktheit, in der es als subjektive Besonderheit in den moralischen Reflexionen des Sollens und Mögens ist, teils von der unbestimmten Subjektivität, die nicht zum Dasein und der objektiven Bestimmtheit des Handelns kommt und *in sich* und als eine Unwirklichkeit bleibt. In der Pflicht befreit das Individuum sich zur substantiellen Freiheit.« (7, 297 f.)

»Der Boden des Rechts ist überhaupt das *Geistige* und seine nähere Stelle und Ausgangspunkt der *Wille*, welcher *frei* ist, so daß die Freiheit seine Substanz und Bestimmung ausmacht und das Rechtssystem das Reich der verwirklichten Freiheit, die Welt des Geistes aus ihm selbst hervorgebracht, als eine zweite Natur, ist.« (7, 46) Diese berühmte Stelle erinnert erneut daran, daß das Recht keine bloße Naturtatsache ist; das hat erhebliche Konsequenzen für den Begriff des Naturrechts: Abgesehen davon, daß »Naturrecht« noch zu Hegels Zeit als die Bezeichnung dessen diente, was später »Rechtsphilosophie« heißen sollte[132], weist uns Hegel darauf hin, daß es irrig wäre, das Naturrecht als das Recht der Natur oder als ein Recht von Natur aufzufassen; im Naturrecht gehe es nicht um das Recht der Natur, sondern um die Natur des Rechts, um sein Wesen oder seinen Begriff. (Vgl. 10, 311) Für diese Deutung könnte Hegel auch die Tatsache als Argument anführen, daß das neuzeitliche Naturrecht mindestens seit Thomas Hobbes bis hin zu Kant und Fichte sich immer als Vernunftrecht, d.h. als philosophische Rechtslehre auf der Basis vernünftiger Prinzipien verstanden hat. Sprechen wir hingegen vom Recht analog zur Natur als von einer Wirklichkeit sui generis, dann handelt es sich dabei um »zweite Natur« (vgl. 7, 46) – um etwas nur vermeintlich Natürliches, nämlich die »Welt des Geistes, aus ihm selbst hervorgebracht«, wofür wir wieder getrost das Wort »Kultur« einsetzen können.

Der »Ausgangspunkt« des Rechts, der freie Wille als »freier Geist« (10, 300ff.), war im Systemzusammenhang als höchste Stufe des »subjektiven Geistes« erreicht worden, so daß die erste, noch ganz abstrakte Form der Verwirklichung des freien Willens – der »verwirklichten Freiheit« – das Recht des »abstrakten Rechts« ist, auf dem sich in Stufen die konkreteren Gestalten des Rechts erheben: Moralität, Familie, bürgerliche Gesellschaft, Staat und Weltgeschichte. Dieser Rechtsbegriff erklärt auch, warum Hegel seine *GPR* zugleich auch unter dem Titel *Naturrecht und Staatswissenschaft im Grundrisse* erscheinen ließ; wenn das Naturrecht als Philosophie des Rechts von vornherein beansprucht, zugleich Staats- und damit Sozialwissenschaft der bestehenden Institutionen zu sein, kann man mit dem Begriff »Naturrecht« keine kritischen oder gar revolutionären Ambitionen mehr verbinden, und dies war Hegel wichtig: »Daß das Naturrecht oder das philosophische Recht vom positiven verschieden ist, dies darein zu verkehren, daß sie einander entgegengesetzt und widerstreitend sind, wäre ein großes Mißverständnis.« (7, 35) Schon das mittelalterliche und erst recht das neuzeitliche Naturrecht hatten sich stets als kritische Instanz gegenüber dem positiven, auf bloß politischen Setzungen beruhenden Recht verstanden, und an Beispielen dafür, daß Naturrecht und positives Recht »einander entgegengesetzt und widerstreitend« sein können, herrschte für die Naturrechtslehrer wahrlich kein Mangel. Auch Hegel wußte, daß die Differenz zwischen Naturrecht und positivem Recht einmal die Legitimationsbasis aller Kritiker feudaler Traditionen und des Ancien régime ausgemacht hatte, und zwar auch dort, wo sie wie Kant ausdrücklich auf revolutionäre Bestrebungen verzichteten.[133] Aber daran zu erinnern war Hegel damals viel zu gefährlich; so greift der Text zu dem völlig irreführenden Vergleich mit dem Verhältnis »von Institutionen zu Pandekten« (7, 35) im *Corpus Iuris Civilis* (528-534), d.h. zwischen dem darin enthaltenen einführenden Lehrbuch des Römischen Rechts und der Sammlung von Auszügen aus juristischen Schriftstellern der klassischen Zeit, die auch »Digesten« genannt wurden. Diese Stelle ist wieder ein Beispiel für Hegels Publikationstaktik, die dem Ziel folgte, nur ja nicht den Verdacht des Revolutionären auf sich zu ziehen. Freilich muß man zu seiner Entlastung anführen, daß er in der Gesamtkonstruktion der *GPR* an der Differenz zwischen

Naturrecht und positivem Recht durchaus festhält, und zwar dadurch, daß sie eine Theorie der Positivierung des abstrakten Rechts in der bürgerlichen Gesellschaft enthalten. So umfaßt Hegels spekulatives »Naturrecht« die Identität und Nichtidentität von Naturrecht und positivem Recht, und deswegen beansprucht es auch, zugleich Staatswissenschaft zu sein: Wissenschaft von der Institution, die allein das Recht hat, Recht zu setzen und Gesetze zu erlassen. Es versteht sich von selbst, daß die so getroffene Unterscheidung zwischen Naturrecht und positivem Recht (vgl. 7, 34 ff.) keine prinzipielle Kritik des Staates und erst recht keine Legitimation von Revolutionen zu begründen vermag.

Abstraktes Recht

Hegel stellt hier die begrifflichen und normativen Grundlagen des Privat- und Strafrechts vor, und die sind abstrakt, weil dabei die historischen und empirischen Besonderheiten bestimmter Gesetzgebungen nicht berücksichtigt werden; es kommt nur auf das Begriffliche an. So kann man in einiger Annäherung sagen, daß Hegel in dem Kapitel »Das abstrakte Recht« das behandelt, was vor ihm das Thema des »reinen« Naturrechts als Vernunftrecht gewesen ist. Zugleich beansprucht er, dabei gemäß der »absoluten Methode« der *WL* zu verfahren und die wesentlichen begrifflichen Bestimmungen des »abstrakten Rechts« auseinander zu entwickeln, was das Textverständnis erschwert. Der Subjektseite des freien Willens entspricht in dieser Sphäre die »Person«, und damit ist der Mensch gemeint, ganz abstrakt genommen, nämlich ausschließlich hinsichtlich der Eigenschaft, Inhaber von abstrakt-rechtlichen Rechten und Pflichten zu sein; hier verbleibt Hegel in völliger Übereinstimmung mit der Tradition des Römischen Rechts und des neuzeitlichen Naturrechts. Schwierigkeiten macht hingegen die Objektseite des »abstrakten Rechts«, also der Inbegriff der reinen Rechtsformen und -institutionen wie Eigentum und Vertrag, von denen Hegel behauptet, daß sie begrifflich notwendig auseinander hervorgehen. (Vgl. 7, 152) Noch schwerer ist die These zu verstehen, daß die Vertragsverhältnisse begrifflich-notwendig in Unrecht (unbefangenes Unrecht, Betrug, Zwang und Verbrechen) übergehen (vgl. 7, 169 ff.), was ebenso unvermeidlich gegen diese Aufhebung des Rechts die Strafe als die rechtliche Aufhebung dieser Aufhebung des Rechts oder seine Wiederherstellung auf den Plan rufe. Hegels Straftheorie wendet sich vehement gegen jede Form des Maßnahmestrafrechts, dessen Idee schon im 18. Jahrhundert aufkam und das die Strafe nur als Werkzeug zur Reparatur oder vorbeugenden Verhinderung sozialer Übel versteht. Hegel zufolge geschieht durch die Strafe dem Verbrecher nicht nur etwas Gerechtes, sondern sie ist auch »ein *Recht an den Verbrecher* selbst, d.i. in seinem *daseienden Willen*, in seiner Handlung gesetzt [...]. Daß die Strafe darin als sein *eigenes Recht* enthaltend angesehen wird, darin wird der Verbrecher als *Vernünftiges* geehrt. – Diese Ehre wird ihm nicht zuteil, wenn aus seiner Tat selbst nicht der Begriff und der Maßstab seiner Strafe genommen wird; ebensowenig auch, wenn er nur als schädliches Tier betrachtet wird, das unschädlich zu machen sei, oder in den Zwecken der Abschreckung und Besserung.« (7, 190 f.) Hegel läßt uns somit nur die Alternative, uns im Falle strafrechtlich relevanter Vergehen entweder bestrafen und dadurch als vernünftige Wesen ehren zu lassen oder uns Besserungsmaßnahmen zu fügen, die uns auf die Stufe räudiger Hunde herabdrücken.

Moralität

Das Moralitäts-Kapitel hat wohl vor allem durch seine Überschrift immer wieder Mißverständnisse und Enttäuschungen hervorgerufen, denn es enthält nicht das, was viele an dieser Stelle erwarteten: Hegels Ethik. In der *EPW* tritt Hegel selbst schon dieser Erwartung entgegen: »Das *Moralische* muß in dem weiteren Sinne genommen werden, in welchem es nicht bloß das moralisch *Gute* bedeutet. ›*Le Moral*‹ in der französischen Sprache ist dem ›*Physique*‹ entgegengesetzt und bedeutet das Geistige, Intellektuelle überhaupt. Das Moralische hat hier aber die Bedeutung einer Willensbestimmtheit, insofern sie im *Innern* des Willens überhaupt ist, und befaßt daher den Vorsatz und die Absicht in sich, wie das moralisch Böse.« (10, 313) Auf der Stufe der Moralität ist nach Hegel der Wille in sich reflektiert, sich selbst als freier Wille wissender Wille, wodurch sich die abstrakte Person zum Subjekt weiter bestimmt. (Vgl. 7, 203) So können wir das Moralische bei Hegel als das Subjektive der Willensbestimmung und als das Recht des subjektiven Willens verstehen, und dies wird auch dadurch bestätigt, daß das Moralitäts-Kapitel im wesentlichen eine Handlungstheorie enthält unter den Untertiteln »Der Vorsatz und die Schuld« (7, 215), »Die Absicht und das Wohl« (7, 223) und »Das Gute und das Gewissen« (7, 243). Rätselhaft ist freilich der Übergang vom »abstrakten Recht« zur so verstandenen Moralität, die sich Hegel zufolge in der Dialektik der Strafe vollziehen soll – rein begrifflich und nicht empirisch. Die These, daß Moral und schlechtes Gewissen nichts anderes seien als Verinnerlichungen von Strafe und Strafautorität, hatte lange vor Nietzsche und Freud schon Thomas Hobbes gelehrt, aber das meint Hegel nicht; vielmehr soll sich der Begriff des moralischen Subjekts aus dem Zuendedenken des Begriffs des Straftäters als der bestraften Person des

Strafrechts selbst ergeben, was wohl noch niemand mit Verständnis nachvollzogen hat.

Das Moralitäts-Kapitel enthält keine Ethik, wenn man unter Ethik eine Theorie unserer moralischen Rechte und Pflichten versteht, aber das bedeutet nicht, daß Hegel gar keine Ethik besaß.[134] Was die Moralität betrifft, so hat Hegel seit den *WBN* beständig die These vertreten, daß sich aus einem abstrakten Moralprinzip wie dem kategorischen Imperativ nichts Bestimmtes ableiten lasse, außer vielleicht der Verpflichtung, immer das Gute zu wollen, ohne daß damit gesagt wäre, was das Gute denn sei. Diesen allbekannten Formalismusvorwurf steigerte Hegel noch bis hin zu der Behauptung, daß sich mit Hilfe des kategorischen Imperativs alles und jedes als moralische Pflicht hinstellen lasse, und in den *WBN* behauptete er sogar, der kategorische Imperativ sei in Wahrheit ein Prinzip der Unsittlichkeit (vgl. 2, 463 ff.) – ein Vorwurf, den er später fallenließ. Der Formalismusvorwurf gegen Kants Ethik ist nachweislich falsch[135], denn Kant selbst leitete aus ihm in seiner *Metaphysik der Sitten* ein inhaltlich höchst folgenreiches Rechtsprinzip und darüber hinaus eine ganze Tugendlehre ab.[136] Daß dieser Vorwurf unhaltbar ist, stellt Julius Ebbinghaus kurz nach dem Ende des Zweiten Weltkriegs erneut fest[137], nachdem der bekannte amerikanische Philosoph John Dewey behauptet hat, Kant trage Mitschuld am Nationalsozialismus, weil er »Pflicht um der Pflicht willen« gelehrt habe, und das könne dann jeder Hitler beliebig ausfüllen.[138] Dieser Formalismusvorwurf ist auch die Basis für Hegels schon erwähnte These aus der Vorrede der *GPR*, wer wie Kant »Was soll ich tun?« frage, sehe »den Wald vor den Bäumen nicht« und offenbare dadurch nur seine eigene Unsittlichkeit. (Vgl. 7, 14) Dem setzt Hegel entgegen: »Ohnehin über *Recht, Sittlichkeit, Staat* ist die *Wahrheit ebensosehr alt*, als in den *öffentlichen Gesetzen*, der *öffentlichen Moral und Religion offen dargelegt und bekannt*« (7, 13 f.), und die kursiven Hervorhebungen machen deutlich, welches Gewicht Hegel auf diese Behauptung legt. Sie bedeutet, daß unsere rechtlichen, moralischen und sittlichen Rechte und Pflichten uns nicht nur durch unsere Rechtskenntnis und unsere moralische wie religiöse Erziehung bekannt seien, sondern auch unmittelbar aus unseren sittlichen Lebensverhältnissen. So lautet Hegels Antwort auf die Kantische Frage »Was soll ich tun?«: »*Was* der Mensch tun müsse, *welches* die Pflichten sind, die er zu erfüllen hat, um tugendhaft zu sein, ist in einem sittlichen Gemeinwesen leicht zu sagen, – es ist nichts anderes von ihm zu tun, als was ihm in seinen Verhältnissen vorgezeichnet, ausgesprochen und bekannt ist.« (7, 298) Damit erweist sich Hegel als Vertreter einer Institutionenethik, der zufolge sich die Richtigkeit und Verbindlichkeit aus der Struktur der Institutionen selbst ergibt, in denen wir leben, wobei er diese Institutionen letztlich als staatliche versteht. (Vgl. 7, 407 ff.) Es liegt auf der Hand, daß diese Institutionenethik nur dann als Antwort auf die Frage »Was soll ich tun?« auftreten kann, wenn vorausgesetzt wird, daß der Fragende in einem »sittlichen Gemeinwesen« lebt. Hegel setzt dies in der Tat schon dadurch voraus, daß er die Institutionen als »sittliche Mächte«[139] (7, 294) bestimmt. Kant hingegen und der Ethik des kantischen Typus geht es vielmehr um das Problem, wie man ein Kriterium der Sittlichkeit ermitteln und gegen die skeptische Behauptung verteidigen kann, es gebe doch gar keine Sittlichkeit. Kants Ethik mag ungenügend und unbefriedigend sein, aber Hegel kann nicht beanspruchen, Kants Frage beantwortet zu haben, denn er nimmt einfach als gegeben an, was Kants Problem war: die Möglichkeit sittlichen Lebens in der modernen Welt. Es ist schon ein starkes Stück zu behaupten, Kant und die kantianischen Ethiker wüßten nicht, was sie zu tun hätten – als Rechtspersonen, moralische Subjekte und als Staatsbürger.

Sittlichkeit

In einem ähnlich »halsbrecherischen« Übergang wie dem vom abstrakten Recht in die Moralität schreiten die *GPR* von der Moralität zur Sittlichkeit fort, worunter Hegel die Einheit von abstraktem Recht und Moralität als den gemeinsamen Grund von beidem versteht. Seine These lautet: Aus der Verabsolutierung des Rechts des subjektiven Willens im Bösen und in der romantischen Ironie soll sich begrifflich das Sittliche als das von Kant und Fichte vergeblich gesuchte Einheitsprinzip von Rechts- und Tugendlehre, Legalität und Moralität, Naturrecht und Sittenlehre ergeben. (Vgl. 7, 286 f.) Die Schwäche und Gewaltsamkeit dieses Übergangs vermag Hegel im Text nur ungenügend durch polemische Töne zu überdecken. Er ist sich auch der Tatsache bewußt, daß die Unterscheidung zwischen Moralität und Sittlichkeit eine begriffliche Neuerung darstellt, hat doch Kant in einer und derselben Bedeutung vom Moralprinzip und vom Sittengesetz gesprochen. (Vgl. 7, 88) Hegel sagt: »Das *Sittliche* ist subjektive Gesinnung, aber des an sich seienden Rechts« (7, 287), wobei das »aber« die schon gegen Kant geltend gemachte Inhaltslosigkeit der bloßen Moralität erneut unterstreicht. Der subjektive Wille ist nur dann sittlich, wenn er das will, was »an sich« oder objektiv Rechtens ist, und dies ist in den Institutionen vorgegeben; eine davon abweichende Subjektivität ist »eitel« und unsittlich. Im Sinne eines solchen ethischen Institutionalismus zitiert Hegel zustimmend die Antwort eines griechischen Weisen »auf die Frage eines Vaters nach der besten Weise, seinen Sohn sittlich zu erziehen [...]: wenn du ihn zum *Bürger eines Staats von guten Gesetzen machst*« (7, 303).

Auch die Sittlichkeit konstruiert Hegel gemäß der »trinitarischen Formel«, wobei die ursprüngliche Identität des Sittlichen in der Familie, seine Nichtidentität in der bürgerlichen Gesellschaft und die Identität von Identität und Nichtidentität des Sittlichen – oder von Familie und bürgerlicher Gesellschaft – im Staat verkörpert sein soll. Zugleich soll dabei der Staat als der Grund von Familie und Gesellschaft erwiesen werden. Die Familie bezeichnet Hegel auch als natürliche Sittlichkeit, aber das bedeutet nicht, daß sie etwas Natürliches sei; auch sie ist zweite Natur, in deren sittlicher Bestimmung unsere biologische Verfassung nach Hegel keine wesentliche Rolle spielt. Wichtig ist ferner, daß die Familie in Hegels Konstruktion die neuzeitliche bürgerliche Familie ist[140], weil sie im Unterschied zu archaischen Sippenverbänden, orientalischen Clans, Adelsfamilien oder fürstlichen Dynastien auf ihre eigene Auflösung hin angelegt ist, denn ihre sittliche Aufgabe besteht in der Erziehung der Kinder zu mündigen Individuen, die dann selbst wieder Familien gründen können.

Das Kapitel über die bürgerliche Gesellschaft, in die hinein die Familie durch ihre eigene Auflösung die erwachsen gewordenen Kinder entläßt, ist ein besonderes Glanzstück der *GPR*. In ihm wird zum ersten Mal begrifflich eingeholt, was sich sozialgeschichtlich in der Neuzeit herausgebildet hat: die Ausbildung einer vom Staat als dem politischen System zu unterscheidenden Form der Vergesellschaftung, die sich wesentlich über die Arbeitsteilung und den Markt vollzieht. Dadurch ist die traditionelle Definition des Staates als *societas civilis* irreführend geworden, weil nun die arbeitsteilige Markt- und Konkurrenzgesellschaft den Sinn der deutschen Übersetzung von *societas civilis* viel genauer trifft, denn diese Gesellschaft ist ja auch insofern bürgerlich, als ihre Entstehung wesentlich mit der Heraufkunft des städtischen Bürgertums verbunden war. So drückt diese terminologische Verschiebung, die Hegels *GPR* dokumentiert, eine sozialgeschichtliche Veränderung aus.[141] Hegel wird dadurch zum Mitbegründer einer von der politischen Philosophie zu unterscheidenden Sozialphilosophie oder Gesellschaftstheorie.

Über die innere Struktur der bürgerlichen Gesellschaft als des sozialen Zwischenbereichs zwischen Familie und Staat macht sich Hegel sehr wenig Illusionen. Wie es die logische Stufe der Nichtidentität vorzeichnet, spricht er hier unumwunden vom »Verlust der Sittlichkeit«, der sich ja auch begrifflich aus der notwendigen Auflösung der Familie als der ersten Form der Sittlichkeit ergibt. Die Sittlichkeit als die Einheit von Recht und Moralität ist in der bürgerlichen Gesellschaft deshalb verloren, weil die Familie zwar mündige, aber zunächst nur an ihrem individuellen Interesse orientierte Personen oder Subjekte aus sich entläßt, denen das soziale Allgemeine als fremde Wirklichkeit und als äußerer Anspruch gegenübersteht, wobei jeder einzelne versucht, dieses Allgemeine für sich zu instrumentalisieren. Dieses entfremdete Allgemeine des sozialen Zusammenhangs aller Individuen nennt Hegel *»äußeren Staat – Not-* und *Verstandesstaat«* (7, 340); hier ist die Sittlichkeit in die Extreme des Abstrakt-Allgemeinen und des bloß Individuellen auseinandergetreten. Dies bedeutet für Hegel: »Die bürgerliche Gesellschaft bietet in diesen Gegensätzen und ihrer Verwicklung das Schauspiel ebenso der Ausschweifung, des Elends und des beiden gemeinsamen physischen und sittlichen Verderbens dar.« (7, 341) Hegel als der erste Theoretiker der modernen bürgerlichen Gesellschaft ist somit zugleich ihr erster radikaler Kritiker; verglichen damit sind die Marxisten wenig originell.

Das Ziel des ungemein inhaltsreichen und interessanten Abschnitts über die bürgerliche Gesellschaft, das hier nicht ausführlich dargestellt werden kann, ist es freilich, über die Nichtidentität des Sittlichen immanent, also ohne theoretische Zusatzannahmen den Nachweis der Identität der Identität und Nichtidentität des Sittlichen zu führen, was für Hegel mit der theoretischen Konstruktion des Staates zusammenfällt. Dies hält Hegel deswegen für möglich, weil sich für ihn der »Verlust der Sittlichkeit« ja im Felde der Sittlichkeit selbst abspielt, so daß gemäß der spekulativen Grundfigur die Entfremdung von der Sittlichkeit als deren Selbstentfremdung verstehbar sein muß. Den ersten Schritt in diese Richtung geht Hegel im Unterabschnitt »Das System der Bedürfnisse«; hier finden wir die Ergebnisse seiner Rezeption der klassischen Nationalökonomie (Smith, Say und Ricardo). Hegel ist wohl der erste Philosoph, der diesen jungen Wissenschaftszweig einer philosophischen Aufmerksamkeit für würdig hielt. Marx, Engels und die Marxisten können hier unmittelbar anknüpfen, auch wenn Hegel noch weit davon entfernt war, wie die Vertreter des historischen Materialismus die Nationalökonomie für die wahre Basisdisziplin aller Gesellschaftstheorie zu halten. Für ihn ist die ökonomische Wissenschaft deswegen wichtig, weil sie zeigt, wie trotz des allgemeinen Egoismus individueller Privatinteressen Vergesellschaftung zustande kommt, nämlich durch Arbeitsteilung und Austausch auf dem Markt, und daß dies alle Beteiligten dazu zwingt, sich die Fähigkeiten anzueignen, die erforderlich sind, um in diesem Feld bestehen und zumindest einen Teil der eigenen Interessen realisieren zu können. Das subjektive Pendant der Vergesellschaftung durch die ökonomische Objektivität ist für Hegel somit die Bildung (vgl. 7, 343), zu der die bürgerliche Gesellschaft ihre Mitglieder zwingt.

Hegel geht von dieser gut materialistischen oder zumindest realistischen Bildungstheorie, zu der der neuhumanistische Bildungsenthusiasmus seiner Zeit nur schlecht passen will, unmittelbar über zu einer Theorie der Rechtspflege, die man mit einem modernen Ausdruck als rechtssoziologisch bezeichnen kann. In ihr zeigt er auf, daß aus dem objektiv-allgemeinen Zusammenhang der Individuen in Arbeit und Tausch und dem subjektiv-allgemeinen der Bildung auch Institutionen hervorgehen, durch die sich die Identität des Sittlichen in dessen Nichtidentität, d.h. dem offensichtlich Unsittlichen wieder Geltung verschafft. Wie ein historischer Materialist, für den das Recht bloß ein sozialer Überbau der jeweiligen Produktionsverhältnisse ist, leitet Hegel die bürgerliche Rechtspflege und ihre Institutionen, wenn auch nicht genetisch, so doch begrifflich aus dem ökonomischen System der bürgerlichen Gesellschaft ab; Marx brauchte auch hier nur noch abzuschreiben. Der Abschnitt über die Rechtspflege ist auch deswegen besonders bemerkenswert, weil Hegel hier den Ort angibt, an dem das abstrakte Recht positiv wird (vgl. 7, 34f. und 360ff.): Die bürgerliche Gesellschaft erzeugt demzufolge selbst notwendig die im Abschnitt »Das abstrakte Recht« analysierten Rechtsnormen samt den Institutionen, die diesen Normen auch wirkliche Geltung verschaffen; das Kapitel über den Staat stellt später freilich klar, daß diese Positivierung keine bloß gesellschaftliche, sondern primär eine staatliche Leistung ist (vgl. die §§ über die gesetzgebende Gewalt: 7, 465 ff.). So kann Hegel beanspruchen, die traditionelle Entgegensetzung von Naturrecht und positivem Recht oder von Rechtsphilosophie und Staatswissenschaft in seiner Konzeption aufgehoben zu haben, denn sie enthält ja auch noch eine Theorie der Positivierung des Naturrechts selbst.

Die dritte Instanz der immanenten Versittlichung der bürgerlichen Gesellschaft wird durch die Polizei und die Korporationen gebildet, wobei man unter »Polizei« primär öffentliche Verwaltung und unter »Korporationen« moderne berufsständische Organisationen nach der Auflösung der alten Zünfte verstehen muß. Die Polizei hat bei Hegel primär Ordnungsaufgaben, aber sie ist auch das Organ der sozialen und staatlichen Interventionen, die durch das Zusammenspiel von Akkumulation des Reichtums und massenhafter Verelendung notwendig werden.

(Vgl. 7, 389 ff.) Daß Hegel solche Interventionen für unvermeidlich hält, erweist ihn als Kritiker des ökonomischen Liberalismus, der seit Adam Smith bis heute immer davon ausgeht, daß die Marktkräfte allein zureichen, um wie durch eine »*invisible hand*«[142] einen harmonischen Ausgleich aller divergierenden Interessen zu bewirken. Die Schärfe der Hegelschen Diagnosen ist hier von den Frühsozialisten und Marxisten kaum übertroffen worden; der Unterschied liegt nur darin, daß Hegel die Krisen der bürgerlichen Gesellschaft für beherrschbar hält – z.B. durch organisierte Auswanderung der vom Markt freigesetzten Bevölkerungsteile (vgl. 7, 391 ff.) – und deswegen eine Fortsetzung der politischen Revolution von 1789 durch eine sozialistische nicht für notwendig und wahrscheinlich hält. Die Korporationen hingegen versteht Hegel als Resultate interessegeleiteter Selbstorganisation, durch die »das Sittliche als ein Immanentes in die bürgerliche Gesellschaft« (7, 393) zurückkehre; er nennt sie sogar die »zweite Familie« (7, 394) – im Unterschied zu der ersten, die sich in der bürgerlichen Gesellschaft ständig wieder auflöst.

Im Rückblick auf das Bisherige sagt Hegel: »Diese Entwicklung der unmittelbaren Sittlichkeit durch die Entzweiung der bürgerlichen Gesellschaft hindurch zum Staate, der als ihren wahrhaften Grund sich zeigt, und nur eine solche Entwicklung; ist der wissenschaftliche Beweis des Begriffs des Staats.« (7, 397) Moderne Leser Hegels werden seine Rekonstruktion des Staates und dessen Funktionen aus den sozialen Zusammenhängen von Familie und bürgerlicher Gesellschaft vielleicht bewundern, aber nicht unmittelbar einsehen, warum sich der Staat dadurch als deren »wahrhafter Grund« gezeigt haben soll. Auch die Tatsache, daß Familie und bürgerliche Vergesellschaftung in der Regel nur unter staatlichen Rahmenbedingungen existieren und funktionieren, wird man zugestehen, aber Hegel hat keinen anderen Beweis für die Undenkbarkeit staatsfreier Vergesellschaftungsformen, von denen die Anarchisten bis heute träumen, als den bloßen Verweis auf die *WL*, der zufolge Begründung ein Zurückgehen in den Grund ist. Hegel vertritt hier ohne überzeugendes Argument die kontinentale und vor allem deutsche Tradition des Etatismus, der sich Sozialstrukturen immer nur als letztlich staatliche vorstellen kann – ganz im Unterschied zu angelsächsischen Denkfiguren.[143] Als ob Hegel diese Schwäche seines Arguments selbst bewußt gewesen wäre, schlagen die ersten Paragraphen des Abschnitts »Der Staat« (vgl. 7, 398 ff.) einen rhetorischen Ton an, der gar nicht genug tun kann in der Feier des Staates als der Wirklichkeit des Absoluten in der Sphäre des absoluten Geistes. Vor allem die starken Formulierungen, die in den Vorlesungsnachschriften überliefert sind, haben seit Rudolf Haym immer wieder dem Nachweis der Hegelschen »Staatsvergottung« dienen müssen. In der Tat ist schwer einzusehen, warum Hegel nicht auch hier bei dem nüchternen Tonfall der früheren Partien der *GPR* hätte bleiben können, zumal sich ja in deren weiterem Verlauf sehr bald herausstellt, daß der Staat keineswegs die höchste Instanz des Sittlichen darstellt, sondern die Weltgeschichte mit ihrem »höchsten Recht«.

In dem Unterabschnitt »Das innere Staatsrecht« folgt dann Hegels Verfassungslehre, von der schon die Rede war: Der sittliche Staat ist konstitutionelle Monarchie, die alle sittlichen Vorteile der traditionellen Trias »Monarchie – Aristokratie – Demokratie« in sich vereinigt. (Vgl. 7, 435) Er ist gekennzeichnet durch Gewaltenteilung, die Hegel aber nicht im Sinne der amerikanischen *checks and balances* verstanden wissen will, was er für unsittlich und pöbelhaft hält, sondern als organische Gliederung des Staatsganzen. (Vgl. 7, 432 ff.) Die fürstliche Gewalt ist bei Hegel gekennzeichnet durch eine deutliche Diskrepanz zwischen dem rhetorischen Pomp ihrer theoretischen Präsentation und den staatlichen Funktionen, die er ihr zuweist. Die Regierungsgewalt wird ausgeübt durch ein nur dem Monarchen verantwortliches Kabinett, wie es in Preußen bis 1916 der Fall war, und sie umfaßt auch die Rechtsprechung, die Hegel im Unterschied zu Montesquieu und seinen Nachfolgern nicht als unabhängige Staatsgewalt konstruiert. Die gesetzgebende Gewalt schließlich verkörpert ein ständisches Zweikammersystem, in dem ein Oberhaus den Aristokraten unmittelbar und ohne Wahl zusteht, und eine zweite Kammer, die sich aus ständischen Repräsentanten auf der Basis der Korporationen der bürgerlichen Gesellschaft zusammensetzt. Es kann nicht bestritten werden, daß Hegels Staat Rechts- und Verfassungsstaat ist, auch wenn er nicht unseren Vorstellungen entspricht. Besonders auffällig ist für uns dabei das Fehlen eines Verfassungsgerichts, von Verwaltungsgerichten und einer Kodifizierung von Grundrechten, auf die sich Individuen gegenüber staatlichen Übergriffen berufen könnten. Offenbar überstieg die Möglichkeit von Regierungskriminalität Hegels Vorstellungskraft.

Zum »inneren Staatsrecht« gehört nach Hegel auch die Wahrnehmung der Aufgaben der »Souveränität nach außen« (vgl. 7, 490 ff.), die ausschließlich dem Monarchen zugeordnet ist; die Militärverfassung und die Außenpolitik entziehen sich somit in Hegels Staat der parlamentarischen Kontrolle. Zu erwähnen ist hier auch seine ziemlich unerträgliche Metaphysik des Krieges, die er schon in den *WBN* vorgetragen hat und in den *GPR* nur zitierend wiederholt: Ihr zufolge ist der Krieg sittlich notwendig, um durch eine gemeinsame Anstrengung des Gemeinwesens dessen innerer Erschlaffung entgegenzuwirken, so wie der Sturm stehende Gewässer vor der Fäulnis bewahrt. (Vgl. 7, 491 ff.) Diese Lehre war offenbar ein Gemeinplatz in der politischen Philosophie der Zeit, denn sie findet sich auch schon bei Kant[144]; im Zeitalter der atomaren Bewaffnung müssen wir uns, wenn wir solche versittlichenden Stürme für unentbehrlich halten, nach anderen Gemeinschaftsanstrengungen umsehen, und die lassen sich durchaus denken: z.B. die Abschaffung des Hungers oder der Gewalt in der Welt.

Das »äußere Staatsrecht« (vgl. 7, 497 ff.) betrifft das Verhältnis des jeweiligen Staates zu anderen Staaten, und hier ist Hegels These bestimmend, daß es in diesem Bereich kein Recht geben könne, das dem innerstaatlichen Recht vergleichbar wäre, denn unter souveränen Staaten existiert kein Souverän, der über die einzelnen Staaten zu Gericht sitzen und seine Entscheidungen durchzusetzen vermöchte. So befinden sich Hegel zufolge die Einzelstaaten notwendig im Naturzustand des Hobbesschen »Krieges aller gegen alle« (*bellum omnium contra omnes*), und deswegen hält er Kants Idee des »ewigen Friedens« für eine leere und haltlose Utopie. (Vgl. 7, 500) Der Völkerbund war nach dem Ersten Weltkrieg ein Versuch, hier Kant gegen Hegel recht zu geben, und heute erleben wir immer weitergehendere Verzichte auf einzelstaatliche Souveränität zugunsten überstaatlicher Organisationen wie der UNO; der Hobbessche Naturzustand in der Weltpolitik hat sich im Atomzeitalter eben doch als zu gefährlich erwiesen.

Die *GPR* schließen mit einigen Paragraphen zur Philosophie der Weltgeschichte, die Hegel in Vorlesungen breit entwickelte. Im Zusammenhang seiner Rechtsphilosophie betont er nachdrücklich, daß der Weltgeschichte als dem »Weltgericht«[145] das höchste Recht zukomme, denn sie sei die »absolute Allgemeinheit« aller »Völkergeister«: als der »Weltgeist, um dessen Thron sie als die Vollbringer seiner Verwirklichung und als Zeugen und Zierate seiner Herrlichkeit stehen« (7, 508). So ist es letztlich der Weltgeist, der in der Weltgeschichte als dem Machtkonzert aller Einzelstaaten diese Staaten und die sie verkörpernden weltgeschichtlichen Individuen dazu benutzt, in der sittlichen

Welt seinen absoluten Endzweck zu verwirklichen, der darin besteht, »sich absolut zu wissen, hiermit sein Bewußtsein von der Form der natürlichen Unmittelbarkeit zu befreien und zu sich selbst zu kommen« (7, 508). So ist die Weltgeschichte den Vorlesungen zufolge der »Fortschritt im Bewußtsein der Freiheit«, der durch die »List der Vernunft« vorangetrieben wird. Diese »List« besteht darin, daß die absolute Vernunft als Weltgeist die individuellen Eigeninteressen der Staaten und »großen Männer« sich an ihren beschränkten Zielen abarbeiten läßt und genau dadurch ihr allem übergeordnetes Ziel erreicht. Hegel konstruiert dann noch eine logisch-notwendige Abfolge von vier »welthistorischen Reichen« – dem orientalischen, griechischen, römischen und germanischen Reich –, die jeweils in ihrer Epoche und auch nur einmal ein »absolutes Recht« haben, »Träger der gegenwärtigen Entwicklungsstufe des Weltgeistes zu sein«, und dagegen seien »die Geister der anderen Völker rechtlos, und sie, wie die, deren Epoche vorbei ist, zählen nicht mehr in der Weltgeschichte« (7, 506). Es ist verständlich, daß sich Hegel mit solchen Thesen über »den« Fortschritt (im Singular), die die historischen Kulturen und Staaten sämtlich zu bloßen Mitteln eines welthistorischen Endzwecks herabsetzen, den der Philosoph aus der *WL* a priori deduzieren zu können glaubt, die Verachtung und Feindschaft der Historiker seines Jahrhunderts zuzog; der Widerstand gegen Geschichtsphilosophie überhaupt, womit in der Regel die Hegelsche gemeint war, war ein identitätsstiftendes Leitmotiv beim Aufstieg der modernen Historie als Wissenschaft.[146] Auch in diesem Feld waren die Marxisten die letzten Hegelianer.

Praktische Philosophie als Theorie der Sittlichkeit?

Seit den *WBN* war es Hegels Programm, auch in der praktischen Philosophie die Perspektive des Absoluten durchzusetzen und die neuzeitliche Entzweiung von äußerem Zwangsrecht und innerer Gesittung, der bei Kant die Entgegensetzung von Legalität und Moralität entspricht, in einer höheren Einheit aufzuheben; dafür wählte Hegel den Begriff »Sittlichkeit« mit veränderter Bedeutung. Hier stellt sich die Frage, ob Hegels praktische Philosophie deskriptiv oder normativ ist[147]: Beschreibt sie nur die Grundstrukturen der Welt menschlichen Handelns, oder enthält sie auch Vorschriften hinsichtlich dessen, wozu wir unbedingt verpflichtet sind, wenn wir sittlich leben wollen? Kant hatte die praktische Philosophie insgesamt als eine normative Theorie entworfen, die Gesetze des Sollens expliziert und begründet, während das, was ist – und dazu gehört auch die soziale und geschichtliche Welt – für ihn den Themenbereich der theoretischen Philosophie und Wissenschaft ausmacht. Gegen diese Auffassung von praktischer Philosophie hat sich Hegel seit seinen philosophischen Anfängen stets gewandt, nicht erst in den berühmten Formulierungen der *GPR*. Sein Argument lautete, eine Philosophie des Sollens sei eine Philosophie vom Standpunkt der Endlichkeit, denn ein Sollen sei doch selbst nichts anderes als ein Index von Endlichkeit oder Unvollkommenheit, und hatte dies nicht schon Kant selbst gelehrt: »Das moralische Sollen ist also eigenes notwendiges Wollen als Gliedes einer intelligibelen Welt, und wird nur so fern von ihm als Sollen gedacht, als er sich zugleich wie ein Glied der Sinnenwelt betrachtet«[148]?

Hegel war somit überzeugt, eine Philosophie der Sittlichkeit in der Perspektive des Absoluten dürfe nicht bei der einfachen Entgegensetzung von intelligibler und sinnlicher Welt stehenbleiben, sondern müsse über das bloße Sollen hinausgelangen; dies sei möglich, weil auch die praktische Philosophie »es mit der Idee zu tun« habe, »welche nicht so ohnmächtig ist, um nur zu sollen und nicht wirklich zu sein« (8, 49). Weil also das Absolute selbst auch im Bereich des Sittlichen immer schon vom bloßen Sollen ins Sein übergegangen sei, habe auch die denkende Erkenntnis des Sittlichen vom bloßen Sollen überzugehen zur Erkenntnis dessen, was im sittlichen Bereich tatsächlich existiert. Für die *GPR* bedeutet dies: »So soll denn diese Abhandlung, insofern sie die Staatswissenschaft enthält, nichts anderes sein als der Versuch, den Staat *als ein in sich Vernünftiges zu begreifen und darzustellen*. Als philosophische Schrift muß sie am entferntesten davon sein, einen *Staat, wie er sein soll*, konstruieren zu sollen; die Belehrung, die in ihr liegen kann, kann nicht darauf gehen, den Staat zu belehren, wie er sein soll, sondern vielmehr, wie er, das sittliche Universum, erkannt werden soll.« (7, 26)

In unseren Augen nimmt sich dies wie ein Positivismus aus, für den alles, was in der politisch-sozialen Welt existiert, einfach deswegen, weil es existiert, auch schon sittlich und deswegen für den Betrachter, der zu dieser Welt gehört, auch sittlich verpflichtend ist; in dieser Sicht wäre Hegel ein reiner Machttheoretiker, für den faktische Macht jeweils die höchste Autorität auch in sittlichen Fragen bildete. Doch genau dies ist nicht der Fall. Freilich läßt Hegel den Begriff »Sittlichkeit« häufig zwischen dem rein Deskriptiven und dem Normativen oszillieren. Er verwendet »sittlich« häufig in dem ganz neutralen Sinn einer Entgegensetzung zur natürlichen Welt, dann aber auch wertend, und zwar überall dort, wo das Gegenteil nicht »natürlich«, sondern »unsittlich« lautet. Die deskriptive Deutung liegt nahe, wenn er in den *WBN* einfach voraussetzt, »daß die absolute sittliche Totalität nichts anderes als ein Volk ist« (2, 481), aber dies bedeutet gerade nicht, daß jedes faktisch unter kontingenten Bedingungen existierende Volk jeweils die »absolute sittliche Totalität« sei, was ja auf einen totalen Kulturrelativismus in Fragen der Sittlichkeit hinausliefe. Es ist vielmehr umgekehrt: Die »absolute sittliche Totalität«, der »Weltgeist« ist nur jeweils in einem individuellen Volk präsent, für eine gewisse Zeit, und dann mit unbedingtem Recht, wie es Hegels Geschichtsphilosophie lehrt. Was Hegel von der positivistischen Idee bloßer Macht trennt, ist seine Lehre von der Macht der Idee, die in der berühmten Sentenz »Was vernünftig ist, das ist wirklich; und was wirklich ist, das ist vernünftig« ihren klassischen Ausdruck fand. Für die Philosophie folgt daraus, daß sie, »weil sie das *Ergründen des Vernünftigen* ist, eben damit das *Erfassen des Gegenwärtigen und Wirklichen*, nicht das Aufstellen des *Jenseitigen* ist, das Gott weiß wo sein sollte – oder von dem man in der Tat wohl zu sagen weiß, wo es ist, nämlich in dem Irrtum eines einseitigen Räsonierens« (7, 24). Hegel schließt aus seiner praktischen Philosophie das Normative, das auch für ihn mit dem »Vernünftigen« zusammenfällt, nicht gänzlich aus der Betrachtung aus, sondern nur insofern, als ihm im Feld des »Gegenwärtigen und Wirklichen« nichts entspricht. Beides vereinigt er in einem Konzept von Sittlichkeit, dem zufolge die wirklich beschreibbare Sittlichkeit zugleich als die Realisierung dessen gilt, was in vernünftiger Weise sittlich genannt werden kann, und in dem umgekehrt das, was von Philosophen mit vernünftigen Gründen als sittlich ausgezeichnet werden könnte, als tatsächlich verwirklicht zu erkennen ist. So gilt für Hegel die normative Problematik der praktischen Philosophie durch die vorausgesetzte Identität des Vernünftigen und Wirklichen als immer schon gelöst, dies allerdings nur in Grundzügen und im Prinzip (vgl. 7, 25): Hegel wußte und bestritt niemals, daß es in der sittlichen Welt vieles zu bemängeln und zu verbessern gibt, aber das ist eben nicht Wirklichkeit im emphatischen Sinn, sondern Zufälliges, Schein, Erscheinung, bloßes Dasein. (Vgl. 8, 47 f.) Die Frage des Normativen stellt sich für die praktische Philosophie erneut; wenn wir auch hier die Perspektive des Absoluten nicht mehr einnehmen können, müssen wir zu Kant zurückkehren und mit der prinzipiellen Differenz zwischen Sein und Sollen, Deskriptivem und Normativem rechnen.

7. System und Geschichte

Warum können wir in der Philosophie die Perspektive des Absoluten nicht einnehmen? Warum bleibt die Endlichkeit unserer Vernunft das letzte Wort? Eine mögliche Antwort ist: Hegels Programm einer absoluten Philosophie ist gescheitert, und zwar nicht wegen seines subjektiven Unvermögens, so daß es andere besser machen könnten, sondern aus prinzipiellen Gründen, von denen hier das Verhältnis von System und Geschichte hervorgehoben werden soll. Hegels Philosophie versteht sich explizit als »Theodizee« (vgl. 12, 28 und 20, 455): als Rechtfertigung der Existenz und Allmacht Gottes trotz der augenscheinlichen Gottverlassenheit und elenden Verfassung der wirklichen Welt.

»Von der *Natur* gibt man zu, daß die Philosophie sie zu erkennen habe, *wie sie ist*, daß der Stein der Weisen *irgendwo*, aber *in der Natur selbst* verborgen liege, daß sie *in sich vernünftig* sei und das Wissen diese in ihr gegenwärtige, *wirkliche* Vernunft, nicht die auf der Oberfläche sich zeigenden Gestaltungen und Zufälligkeiten, sondern ihre ewige Harmonie, aber als ihr *immanentes* Gesetz und Wesen zu erforschen und begreifend zu fassen habe. Die *sittliche Welt* dagegen, der Staat, sie, die Vernunft, wie sie sich im Elemente des Selbstbewußtseins verwirklicht, soll nicht des Glücks genießen, daß es die Vernunft ist, welche in der Tat in diesem Elemente sich zur Kraft und Gewalt gebracht habe, darin behaupte und inwohne. Das geistige Universum soll vielmehr dem Zufall und der Willkür preisgegeben, es soll *gottverlassen* sein, so daß nach diesem Atheismus der sittlichen Welt das *Wahre* sich *außer* ihr befinde und zugleich, weil doch *auch* Vernunft darin sein soll, das Wahre nur ein Problema sei.« (7, 15 f.)

Den Atheismus der natürlichen Welt hält Hegel nicht für ein Problem, denn er unterstellt nicht nur dem »unbefangenen Gemüt« (7, 14), sondern auch den Gebildeten die Annahme, daß sich in der Natur die Objektivität der Vernunft und damit Gott erkennen lasse; es ist erstaunlich, daß Hegel hier die Tradition der Physikotheologie beschwört, der zufolge man Gott in der Weisheit der Natureinrichtung erkennen könne (vgl. auch 12, 28), obwohl sie längst und nicht zuletzt durch Kants Kritik der Gottesbeweise historisch geworden war. Hegels Angriff gilt dem »Atheismus der sittlichen Welt«; die Annahme eines gottverlassenen geistigen Universums darf nicht das letzte Wort der Philosophie bleiben. Was seine Philosophie insgesamt zu leisten unternimmt, ist die philosophische Rechtfertigung und begriffliche Reformulierung der jüdisch-christlichen »geoffenbarten« Religion, die glaubt und bekennt, daß das natürliche und das sittliche Universum Manifestationen des Absoluten durch seine eigene freie Verendlichung seien, in denen es sich schließlich mit sich selbst zusammenschließt; diese spekulative Struktur der Selbstentäußerung und Rückkehr des Absoluten in sich hat die christliche Theologie in den Mysterien der Weltschöpfung, der Trinität und der Inkarnation zu fassen versucht, und Hegel behauptet nichts Geringeres, als daß seine Philosophie durch denkende Transformation alles Mysteriöse dieser Mysterien aufgelöst habe.

Daß Hegels Philosophie christliche Metaphysik ist, wird auch aus seiner Aufgabenbestimmung der Philosophie deutlich; er sagt: »Das *was ist* zu begreifen, ist die Aufgabe der Philosophie, denn das *was ist*, ist die Vernunft.« (7, 26) Diese Gleichung von Vernunft und Wirklichkeit bedeutet, daß wir die Wirklichkeit nur dann vernünftig begreifen, wenn wir sie *als* vernünftig begreifen. Die Übereinstimmung zwischen der subjektiven Vernunft des Begreifens und der objektiven Vernünftigkeit des Begriffenen bezeichnet das, was Hegels Philosophie uns verheißt: »die *Versöhnung* mit der Wirklichkeit« (7, 27). Wieder klingt hier ein theologisches Motiv an: »Denn Gott war in Christo und versöhnte die Welt mit ihm selbst und rechnete ihnen ihre Sünden nicht zu und hat unter uns aufgerichtet das Wort von der Versöhnung. So sind wir nun Botschafter an Christi Statt, denn Gott vermahnt durch uns; so bitten wir nun an Christi Statt: Lasset euch versöhnen mit Gott!«[149] Versöhnung mit Gott bedeutet in Hegels Philosophie die Versöhnung mit dem Absoluten, das »als die Rose im Kreuz der Gegenwart zu erkennen«[150] uns seine Philosophie lehren will. Diese philosophische Versöhnung *mit* der Wirklichkeit wäre freilich unmöglich, wenn die Philosophie nicht auch von der Versöhnung *in* der Wirklichkeit zu sprechen berechtigt wäre; deswegen behauptet Hegel im letzten Paragraphen der *GPR*, als Resultat der Weltgeschichte sei »die wahrhafte Versöhnung objektiv geworden, welche den Staat zum Bilde und zur Wirklichkeit der Vernunft entfaltet« (7, 512). Da war es nicht verwunderlich, daß die revolutionären Hegelianer es nicht bei der theologisch-philosophischen Beschwörung dieser Versöhnung bewenden lassen wollten, sondern sie als politisch-praktische Aufgabe verstanden, die jetzt auf der Tagesordnung stehe.

Nun ist das Elend der unversöhnten Welt schon im Alten Testament und seitdem ständig als Einwand gegen Gott und das »Wort von der Versöhnung« ins Feld geführt worden, und die Gläubigen hat das vielleicht irritiert, aber doch nie wirklich an ihrem Glauben irre werden lassen. Auch Hegels System wird man mit solchen Hinweisen nicht wirklich erschüttern können, weil man es über die Macht der Nichtidentität, des Negativen und Tragischen auch und gerade in der sozialen und geschichtlichen Welt wahrlich nicht aufzuklären braucht; daß sich darin das Absolute letztlich doch erhalte und durchsetze, ist eine

These, die so allgemein formuliert ist, daß man sie wie einen Glaubenssatz auch dann noch festhalten kann, wenn überhaupt nichts mehr für sie zu sprechen scheint. Die Erfahrung der Negativität mag einen vielleicht dazu motivieren, auch in der Philosophie Atheist zu werden und sich dadurch von Hegel abzuwenden; als Argument genommen vermag sie sein System nicht zu sprengen.

Woran es tatsächlich scheitert, sind vor allem innere Gründe, und der wichtigste scheint der folgende zu sein: Die subjektiv-vernünftige Erkenntnis dessen, was objektiv-vernünftig sein soll, erweist sich vor allem in der »sittlichen Welt« als brüchig und ephemer. Da steht auf der einen Seite die große Sentenz, die Vernunft und Wirklichkeit in eine Identität hineinzwingen möchte, aber dem steht die These gegenüber: »Was das Individuum betrifft, so ist ohnehin jedes *Sohn seiner Zeit*; so ist auch die Philosophie *ihre Zeit in Gedanken erfaßt*.« (7, 26) Was also ist die Philosophie: Erkenntnis des Absoluten oder Hermeneutik der jeweiligen Gegenwart? Theorie des logischen, natürlichen und sittlichen Universums oder Diagnose des »gegenwärtigen Zeitalters«[151]? Hegels Antwort lautet: »Nicht das eine oder das andere, sondern beides!« Die Gedanken, in denen die Philosophen »ihre Zeit« erfassen sollen, sind ihm zufolge nicht die individuellen und zufälligen Gedanken dieser Philosophen, sondern die »objektiven Gedanken«, deren Strukturzusammenhänge die *WL* entwickelt; sie bilden die Metaphysik, mit der die Möglichkeit des vernünftigen Erfassens der Welt der jeweilig Philosophierenden *als* einer vernünftigen steht und fällt. Was durch den Historismus und die historistische Aufklärung[152] deutlich wurde, ist die innere Historizität der Hegelschen Metaphysik selbst. Schon die *PhG* hat das philosophische Resümieren der »Arbeit der Weltgeschichte« (vgl. 3, 34) mit dem Ergreifen des »absoluten Wissens« identifiziert; so versuchte Hegel, das entstehende historische Bewußtsein als das Bewußtsein vom Historischen, das zugleich um seine eigene Historizität weiß, noch einmal in ein absolutes philosophisches System zu integrieren: in einen absoluten Historismus oder in eine Philosophie des selbst historischen Absoluten, der »Vernunft in der Geschichte«[153]. Diese von Hegel beanspruchte Einheit des Vernünftigen und Historischen, des Systems und der Geschichte zerfiel notwendig aus Gründen, die sich wesentlich aus der Einsicht in die unübersteigbare Endlichkeit und Kontingenz unserer selbst als zugleich natürlicher, geschichtlicher und vernunftbegabter Wesen ergeben. So sind wir des Absoluten nicht mächtig; auch die Einsicht in unsere Endlichkeit erhebt uns nicht in dessen Perspektive, obwohl Hegel dies immer wieder behauptet.[154] Die »*Darstellung Gottes, wie er in seinem ewigen Wesen vor der Erschaffung der Natur und eines endlichen Geistes ist*« (5, 44) oder die »Intellektualansicht des Universums« im Lichte der »*Wahrheit, wie sie ohne Hülle an und für sich selbst ist*« (5, 44) sind damit für unsere endliche und fehlbare Vernunft undurchführbare Projekte. Es ist nicht zufällig, daß die Hegelianer, die es heute noch gibt, sämtlich Hermeneutiker und historische Zeitdiagnostiker sind, die von Hegel nur das Erfassen ihrer Zeit zurückbehalten, aber eben nicht den Anspruch, über »objektive« Gedanken zu verfügen, in denen man die Zeit erfassen könnte; auch sie haben auf die Perspektive des Absoluten verzichtet und Hegels Systemdialektik auf den hermeneutischen Zirkel herabgestuft, in dem sich subjektives Verstehen und die verständliche Objektivität ständig wechselseitig voraussetzen und bedingen.

8. Noch einmal: Hegel zur Einführung

Es gibt auch gute logische und erkenntnistheoretische Gründe für die Behauptung, daß Hegels philosophisches Programm gescheitert ist, die sich wohl sämtlich auf das Verhältnis von Hegel zu Kant zurückführen lassen.[155] Hegel hat sich ständig kritisch auf Kant bezogen und behauptet, daß der Fortgang von Kants Kritischer Philosophie zum absoluten Idealismus durch immanente Kritik des Kritizismus, durch kritische Reflexion der Reflexionsphilosophie und ähnliche argumentative Strategien erkenntniskritisch gerechtfertigt werden könne. Es läßt sich aber zeigen, daß dies nicht der Fall ist, d.h., daß Hegels Schritte über Kant hinaus mit den Mitteln der immanenten Kritik allein nicht nachzuvollziehen sind, daß sie somit auf unbeweisbaren Setzungen und unbegründbaren Entscheidungen beruhen, die meist schon Fichte und Schelling ins Spiel brachten. So war die Rückkehr zu Kant und zu einem Philosophieren in seinem Geiste seit der Mitte des 19. Jahrhunderts keine bloße historische Zufälligkeit, und sie betraf auch nicht nur die Kantbewegung und den Neukantianismus[156], sondern das Philosophieren in der Perspektive endlicher Vernunft, über deren Unübersteigbarkeit heute unter Philosophen allgemeiner Konsens unterstellt werden kann.

Daß es keinen immanenten Übergang von der Kantischen Perspektive endlicher Vernunft in die des absoluten Idealismus gibt, hat Hegel unfreiwillig dadurch bestätigt, daß es ihm nicht gelang, selbst eine überzeugende Einführung in seine absolute

Philosophie zu geben, obwohl er dies in bester didaktischer Absicht in mindestens drei großen Anstrengungen versuchte. Wenn wir uns von ihm selbst philosophierend, und nicht nur historisch-beschreibend, in seine Philosophie einführen lassen wollen, haben wir drei alternative Texte zur Auswahl: die gesamte *PhG*, den Text *Womit muß der Anfang der Wissenschaft gemacht werden?* in der *WL* (5, 65 ff.) und die als »Vorbegriff« der Logik konzipierten Paragraphen 19-78 über die drei *Stellung[en] des Gedankens zur Objektivität*, die Hegel erst in der zweiten Ausgabe der *EPW* (1827) einfügte. Das gemeinsame Problem dieser Texte ist nur, daß sie das Einführungsproblem nicht lösen, denn sie vermögen nur unter der Voraussetzung der ganzen Hegelschen Philosophie zu überzeugen. In der Einleitung der *PhG* versucht Hegel zwar, die Voraussetzungen, mit denen sich der cartesianische skeptische Zweifel gegen den Dogmatismus wendet, ihrerseits als dogmatisch zu erweisen, aber was er an deren Stelle setzt, ist ein holistisches Bewußtseinskonzept, das die Erfahrung des Bewußtseins von vornherein in das Licht der spekulativen Grundfigur rückt, ohne überzeugende Begründung dafür, daß dies möglich und legitim sei. Darum ist in Hegels Konstruktion das Bewußtsein auf der Stufe der sinnlichen Gewißheit »an sich« schon das absolute Bewußtsein, und der den cartesianischen Zweifel noch überbietende »sich vollbringende« Skeptizismus steht somit schon von Anfang an unter der Garantie eines sicheren Ankommens beim »absoluten Wissen«. Hegels Holismus des Bewußtseins bedeutet ja, daß in Wahrheit alles immer schon im Bewußtsein ist, daß nichts Neues in es hineinkommt[157] und daß es in der *PhG* nur darauf ankommt, das ganz »für es« zu explizieren, was »an sich« in ihm schon enthalten ist. Es kann also keine Rede davon sein, daß Hegel diesen Bewußtseinsholismus aus der immanenten Kritik der Kantischen Philosophie des endlichen Bewußtseins entwickelt habe, es ist vielmehr umgekehrt: Hegel beginnt wie Fichte und Schelling mit dem ICH oder dem absoluten Bewußtsein, was die Liquidierung des Dinges-an-sich voraussetzt, und rückt Kants kritische Philosophie einfach in dieses absolut-idealistische Licht, in dem sie sich dann nicht nur lückenhaft und inkonsequent, sondern ärmlich, kläglich und kleinmütig ausnimmt. Von Fichte und Schelling unterscheidet sich Hegels Philosophie nur dadurch, daß er nicht bei der punktuellen Beschwörung des absoluten Bewußtseins stehenbleibt, sondern sich die Mühe macht, die Präsenz des Absoluten stufenweise in den Gestalten des endlichen Bewußtseins selbst nachzuweisen, was aber nur gelingen kann, wenn man schon voraussetzt, daß das Absolute immer schon im Bewußtsein präsent ist – auch schon in der sinnlichen Gewißheit.[158]

Auch der Text über den Anfang der Wissenschaft in der *WL* löst das Einführungsproblem nicht, trotz der bestechend einfachen Antwort auf die Frage, womit man anfangen solle: »Mit dem Anfang!« Mit dem Anfang anfangen heißt für Hegel natürlich, denkend mit dem Anfang anfangen, und das ist der Begriff »Anfang«. Der Begriff »Anfang« meint aber, daß im Denken noch keine Bestimmung getroffen wurde, und damit fällt für Hegel der Anfang der Wissenschaft mit dem Begriff »Sein« zusammen, mit dem die *WL* tatsächlich anfängt. (Vgl. 5, 72 f.) Er weiß freilich, daß man dies als bloße Wort- oder Taschenspielerei mißverstehen könnte, und darum setzt er auch den Begriff des »reinen« Denkens auseinander (5, 67 ff.), in dem das alles nur Sinn macht. Dabei verweist er auf die *PhG*, die insofern die Voraussetzung dieses denkenden Anfangs mit dem Anfang sei, als in ihr das Bewußtsein überhaupt erst auf die Ebene des »reinen« oder spekulativen Denkens gehoben werde. Wenn man nun bedenkt, daß Hegel auch in der *PhG* das Einführungsproblem nicht voraussetzungsfrei zu lösen vermochte, läuft dies bloß auf eine Verschiebung der Beweislasten hinaus. Es ist in der *WL* wie in der *PhG*: Der spekulative Anfang mit dem Anfang gelingt überzeugend nur mit dem spekulativen Begriff des Anfangs, und der setzt selbst schon die Spekulation voraus; ebenso kommt man in der *PhG* nicht in den Bewußtseinsholismus des absoluten Wissens hinein, wenn man ihn nicht schon auf der Stufe der sinnlichen Gewißheit in Anspruch nimmt.

Hegel hat sich im Kapitel über den Anfang wie auch an anderer Stelle selbst immer wieder über diese Zirkularität des Anfangens geäußert: Sie ist für ihn kein Fehler, sondern unvermeidlich und notwendig. Wenn das Wahre das Ganze und Philosophie nur als System möglich ist, muß das System vollständig sein, und es ist nur dann vollständig, wenn nichts »draußen« bleibt. »Draußen« bliebe etwas, wenn es außerhalb des ganzen Begründungszusammenhanges des Systems verbliebe. Das gilt aber auch für die Voraussetzungen, die man machen muß, um überhaupt etwas begründen zu können. Somit lassen sich nur dann sämtliche Voraussetzungen begründend einholen, wenn sich der Begründungszusammenhang zu einem Kreis schließt, in dem der Anfang allen Begründens zugleich das letzte Begründungsresultat ist. (Vgl. 3, 23 und 5, 70 ff.) Hegel hat später die Form seines Gesamtsystems mit der Figur des »Kreises von Kreisen« (vgl. 8, 60) erläutert, wodurch die einzelnen Systemteile selbst als große Begründungszirkel erscheinen, die sich untereinander kreisförmig voraussetzen. Es ist vor allem diese Kreisform, die übrigens an Aristoteles' Theorie der vollkommenen Bewegung erinnert[159], die die Hegelianer bis heute fasziniert, obwohl sie in ihrem Denken nur mehr in der Figur des hermeneutischen Zirkels fortlebt, die aus den philosophisch viel bescheideneren Zusammenhängen der Hermeneutik als einer Kunstlehre des Verstehens bekannt ist; hier geht es lediglich um die Tatsache, daß wir Einzelheiten eines Textes nur aus dem

Ganzen und umgekehrt dieses Ganze des Textes nur aufgrund seiner Einzelheiten verstehen, doch eine Grundfigur philosophischer Spekulation ist dies sicher nicht.

Ein eindrucksvolles Beispiel für Hegels grandiose Verknüpfung von Voraussetzung und Voraussetzungslosigkeit ist auch seine Lehre von den drei »Stellungen des Gedankens zur Objektivität«, mit der er in der *EPW* in die Wissenschaft der Logik einzuführen versucht. Diese »Stellungen« betreffen Grundformen des philosophischen Bewußtseins – die der vorkritischen Metaphysik, die des Empirismus und der kritischen Philosophie Kants und schließlich die der »Glaubensphilosophie« von Friedrich Heinrich Jacobi –, die in der Geschichte der Philosophie nacheinander aufgetreten seien, sich denknotwendig auseinander ergeben hätten und sich nun als die Vorstufen der wahren spekulativen Philosophie erwiesen. Sieht man einmal von der außerordentlich radikalen Stilisierung der wirklichen Philosophiegeschichte ab, die Hegel hier vornimmt[160], so springt sofort ins Auge, daß diese drei »Stellungen« unmittelbar die drei »Momente« der spekulativen Grundfigur exemplifizieren: Die alte Metaphysik ist die Stufe der Identität oder reinen Objektivität, Empirismus und kritische Philosophie verkörpern die Nichtidentität oder Selbstentfremdung durch Subjektivierung des Absoluten im Denken, während sich in der »Glaubensphilosophie« die gedankliche Präsenz der Identität der Identität und Nichtidentität oder der Objektivität und Subjektivität ankündigen soll. Hegel deutet also die Hauptetappen der Philosophiegeschichte nicht nur als Vorgeschichte seiner eigenen Philosophie, sondern er systematisiert sie schon mit den Mitteln des begrifflichen Apparats der *WL*, in den diese Paragraphen der *EPW* doch erst einführen sollen. Umgekehrt setzt diese Deutung voraus, daß sich die Geschichte der Philosophie, die auch nach Hegel mit der Realgeschichte verknüpft ist, mit den Mitteln der *WL* wirklich begreifen lasse, was sein System aber erst ganz am Schluß, d.h. im Abschnitt »Der absolute Geist« zu zeigen vermag. Also führt Hegel in der *EPW* in den ersten elementaren Systemteil mit Argumenten seiner Philosophie des absoluten Geistes ein, und der Kreis schließt sich auch hier.

So ist immer wieder mit Recht bemerkt worden, wenn man nicht schon in Hegels System »drin« sei, komme man niemals hinein, und wenn man einmal darin sei, komme man nicht mehr heraus. Hegel behauptet freilich, wir seien doch immer schon drin, und wir müßten das nur einsehen. Dabei bezieht er sich immer wieder auf das »unbefangene Gemüt«, das doch ganz selbstverständlich von der Wahrheit des Ganzen und sich selbst als einem Teil dieses Ganzen ausgehe, wenn auch in religiösen Termini. (Vgl. z.B. 7, 14ff.) Mit den Zweiflern hingegen geht Hegel hier wenig pfleglich um; zwar versteht er wie ein Ideologiekritiker oder Therapeut ihre subjektiven Zweifelsgründe, die er auf das Subjektivitätsprinzip der Neuzeit zurückführt, von dem er immer wieder behauptet, es sei auch in der Philosophie in seinem unbedingten Recht zu respektieren (vgl. z.B. 7, 439), aber wo diese modernen Vertreter der Subjektivität etwas anderes ins Auge fassen als das, was allgemein besteht und gilt, ist er sehr schnell mit den Verdächtigungen subjektiver Verblendung und unsittlicher Motive zur Hand. (Vgl. 7, 14ff.; auch seine Kritik des romantischen Bewußtseins im Moralitäts-Kapitel der *GPR*; 7, 260ff.) Das Angebot einer philosophischen »Versöhnung mit der Wirklichkeit« nicht zu akzeptieren – das vermag der gelernte Theologe Hegel letztlich nur als subjektive Verstocktheit, ja als Sünde zu verstehen. Hegels Verdächtigungen seiner philosophischen Gegner als Ungläubige und seine Koalition mit dem »unbefangenen Gemüt« drängen uns den Verdacht auf, Hegel habe an der Schwelle der Moderne das Scheitern seines spekulativen Programms vorausgesehen, und es mußte scheitern am Bewußtsein der Moderne, das Kants kritische Philosophie wohl authentischer repräsentiert als Hegels spekulatives System.[161]

Die Alternative zu der Ratlosigkeit, in die Hegels Holismus den Skeptiker stürzt, ist der Dezisionismus. In der Tat bleibt ja, wenn alles begründet ist und sich alle Gründe wechselseitig voraussetzen, für den, der in das geschlossene System hineinwill, nur die Auskunft, dadurch hineinzuspringen, daß er sich entschließt, so wie Hegel zu philosophieren:

»Für den *Anfang*, den die Philosophie zu machen hat, scheint sie im allgemeinen ebenso mit einer subjektiven Voraussetzung wie die anderen Wissenschaften zu beginnen, nämlich einen besonderen Gegenstand, wie anderwärts Raum, Zahl usf., so hier das *Denken* zum Gegenstande des Denkens machen zu müssen. Allein es ist dies der freie Akt des Denkens, sich auf den Standpunkt zu stellen, wo es für sich selber ist und *sich* hiermit *seinen Gegenstand selbst erzeugt* und *gibt*. Ferner muß der Standpunkt, welcher so als *unmittelbarer* erscheint, innerhalb der Wissenschaft sich zum *Resultate*, und zwar zu ihrem letzten machen, in welchem sie ihren Anfang wieder erreicht und in sich zurückkehrt. Auf diese Weise zeigt sich die Philosophie als ein in sich zurückgehender Kreis, der keinen Anfang im Sinne anderer Wissenschaften hat, so daß der Anfang nur eine Beziehung auf das Subjekt, als welches sich entschließen will zu philosophieren, nicht aber auf die Wissenschaft als solche hat.« (8, 63)

So erscheint das Philosophieren als Sache eines Standpunkts, den man einnehmen kann oder auch nicht, und eine Rechtfertigung dieses Standpunkts ist erst möglich, wenn man ihn schon eingenommen hat oder in den »Kreis von Kreisen« hineingesprungen ist. Philosophie aber von einem Standpunkt aus nennt man im 19. Jahrhundert »Weltanschauung«; dieser Begriff wird bereits von Hegel an prominenter Stelle genau in diesem Sinne verwendet: zur typisierenden Klassifikation bestimmter

Weltansichten oder Weltbilder aus unterschiedlichen Perspektiven.[162] Obwohl er seine eigene Philosophie niemals als Weltanschauung bezeichnet hätte, trug er zumindest durch die Wortverwendung dazu bei, daß der »deutsche Idealismus« – eine Wortprägung des späten 19. Jahrhunderts – später selbst als Weltanschauung verstanden und der materialistischen entgegengesetzt wurde[163]; echt deutsch und idealistisch zu sein, galt noch in der »Weltkriegsphilosophie«[164] als synonym. Die Hegelsche Figur, der zufolge man sich zunächst dazu entschließen müsse, sich auf den Standpunkt des absoluten Idealismus zu stellen, um dann einsehen zu können, daß er und nur er absolut gerechtfertigt sei, wurde im Marxismus in der Gestalt übernommen, daß man sich zunächst auf den proletarischen Klassenstandpunkt stellen müsse und erst dann begreifen könne, daß er allein die objektiv-wahre Erkenntnis ermögliche, wobei diese angebliche objektiv-wahre Erkenntnis selbst wiederum begründen solle, warum es jenes Entschlusses überhaupt bedarf. Die Verklammerung von Dezisionismus und absoluter Philosophie ist älter als Hegels System: Daß das wahrhafte Philosophieren einen Entschluß erfordere, der selbst nicht begründbar ist, hat schon Fichte gelehrt; sein System beginnt mit einer freien Tat des Denkens – nämlich zu denken und sich dabei zuzuschauen, was Fichte dann auch »intellektuelle Anschauung« nennt –, wozu der Philosoph nur auffordern kann, was aber jeder Philosophierende selbst vollziehen muß.[165] Dieses Motiv kehrt auch in Schellings Konzept der intellektuellen Anschauung wieder, und Hegel selbst wiederholt es in der *DS*, wo er keine andere Möglichkeit sieht, in die Philosophie hineinzukommen, als »sich *à corps perdu* hineinzustürzen« (2, 19). Obwohl Hegel sich später stets gegen ein Denken des Absoluten aus der »Pistole« (3, 31) wenden sollte und die »Arbeit des Begriffs« (vgl. z.B. 3, 15 f. und 65) einforderte, führt diese Kritik, wie deutlich geworden ist, aus dem Dezisionismus des Anfangs nicht heraus: Am Anfang steht auch bei ihm der Entschluß, den spekulativen Standpunkt einzunehmen und in seiner Perspektive zu philosophieren, und die »Arbeit des Begriffs« erfolgt danach, d.h., sie ist keine Brücke zwischen dem vorphilosophischen und dem spekulativen Standort.

So beläßt es Hegel beim Eintritt in die Sphäre der Spekulation bei der bloßen Aufforderung, Mut zu fassen, sich das denkende Erkennen der Wahrheit zuzutrauen, und bei der Verachtung der Kleinmütigen, die das nicht wagen. In seiner eindrucksvollen Antrittsvorlesung im Jahre 1818 in Berlin, in der er den modernen Skeptizismus noch einmal in scharfen Worten als »Seichtigkeit« und »Eitelkeit« attackiert, sagt er:

> »Ich darf wünschen und hoffen, daß es mir gelingen werde, auf dem Wege, den wir betreten, Ihr Vertrauen zu gewinnen und zu verdienen; zunächst aber darf ich nichts in Anspruch nehmen als dies, daß Sie Vertrauen zu der *Wissenschaft*, *Glauben* an die *Vernunft*, *Vertrauen und Glauben zu sich selbst* mitbringen. Der *Mut der Wahrheit*, *Glauben an die Macht des Geistes* ist die erste Bedingung *des philosophischen Studiums*; der Mensch soll sich selbst ehren *und sich des Höchsten würdig achten*. Von der Größe und Macht des Geistes kann er nicht groß genug denken; das verschlossene Wesen des Universums *hat keine Kraft in sich*, welche dem Mute des Erkennens Widerstand leisten könnte; es muß sich vor ihm auftun und seinen Reichtum und seine Tiefen ihm vor Augen legen und zum Genusse bringen.« (10, 404)

Wir sollten diese Worte nicht mißverstehen; sie fordern nicht bloß dazu auf, immer weiter zu forschen und sich durch Rückschläge und Enttäuschungen nicht in die Resignation treiben zu lassen. Hegel fordert weder nur den Heroismus des modernen Forschers, wie ihn Max Weber beschreibt[166], noch ist er Fallibilist im Sinne Poppers, bei dem *trial and error* den langen Marsch zur Wahrheit ausmachen, die aber in unendlicher Ferne liegt. Der »Mut der Wahrheit« ist auf spekulative Wahrheit gerichtet: auf die vernünftige Erkenntnis der Wirklichkeit *als* des Vernünftigen, und erst in ihr eröffnet sich nach Hegel dem Erkennen »das verschlossene Wesen des Universums«, das der *lógos* ist – die Vernunft selbst.

Trotz aller Faszination, die von Hegels Werk ausgeht, vermochten schon die Zeitgenossen nicht mehr recht zu glauben, daß seine Philosophie der Schlüssel zum wahren Wesen des gedanklichen, natürlichen und sittlichen Universums sei. Je mehr sich diese Skepsis verstärkte, um so weniger sahen sich seine Hörer und Leser dazu motiviert, den Sprung auf die Warte des absoluten Idealismus zu wagen, denn was konnte man damit anderes gewinnen als einen Standpunkt, von dem aus die Dinge sich ziemlich eigenartig ausnehmen und bestimmt nicht so, wie sie uns die modernen empirischen und historischen Wissenschaften vor Augen führen? Was uns von Hegel trennt, ist aber nicht primär die Diskrepanz zwischen der üblichen wissenschaftlichen und der von ihm vorgeschlagenen philosophischen Deutung der Welt, sondern etwas Tieferliegendes: Wir vermögen nicht mehr der Tradition zu folgen, die er als die der »Intellektualansicht des Universums« bezeichnet; zwischen ihr und uns liegt die gedankliche Revolution, die Schopenhauers Metaphysik des Irrationalen bedeutete.[167] Schopenhauer war der erste Philosoph, der mit dem Ernst machte, woran Hegels grandioser Versuch einer rationalen Synthese von Vernunft, Natur und Geschichte gescheitert war: der Endlichkeit unserer Vernunft. Seitdem ist die »Intellektualansicht des Universums«, die unsere gesamte metaphysische Tradition bestimmte, als bloße »Ansichtssache« erwiesen, für die keine hinreichenden Argumente mehr existieren. Wir können nun nicht mehr wie Hegel davon ausgehen, daß unsere subjektive Vernunft ein Widerschein oder gar eine Gestalt des ewigen *lógos* sei; vielmehr spricht alles dafür, daß das Wesen der Welt – sofern wir uns überhaupt noch getrauen, danach zu fragen – durch und durch irrational ist und unsere Vernunft, mit der wir das zu denken versuchen, gewissermaßen ein metaphysischer Ausnahmefall. Dieses irrationale Wesen der Welt dachte Schopenhauer als blinden, ziellos drängenden Willen, und Nietzsche, die Vertreter der Lebensphilosophie und selbst Heidegger sind dem auf ihre Weise gefolgt. Unsere metaphysikgeschichtliche Situation steht im Zeichen Schopenhauers und nicht Hegels: Wenn nach Hegel überhaupt noch über das Wesen der Welt nachgedacht wurde, dann stets als Kritik des abendländischen Rationalismus oder »Logozentrismus«[168]. Warum also sollte man nach Schopenhauer sich noch dazu entschließen, wie Hegel zu philosophieren? Mußte jetzt nicht der »Mut der Wahrheit« einer anderen Wahrheit gelten, nämlich der Einsicht in das undurchdringlich irrationale Wesen der Welt?

In den Vorreden der großen Werke ist zu spüren, wie Hegel selbst schon mit der Resignation kämpft; als fühlte er die Wirkungsgeschichte seines »unerkannten Gegenspielers« Schopenhauer[169] schon voraus, wird hier immer wieder gegen den romantischen Irrationalismus ebenso wie gegen den Skeptizismus mehr polemisiert als argumentiert. Von Hegels Bündnis mit dem »unbefangenen Gemüt«, von dem er sich Rückenstärkung für die spekulative Haltung erwartet, war schon die Rede; in seiner Berliner Antrittsrede hat es die Form einer Koalition mit dem »Geist der Jugend« – *»noch unbefangen von dem negativen Geiste der Eitelkeit, von dem Gehaltlosen eines bloß kritischen Abmühens*. Ein noch gesundes Herz hat noch den Mut, *Wahrheit* zu verlangen.« (10, 404) Was Hegel nicht sagt, ist: In der Jugend hat man noch Träume, und Erwachsenwerden bedeutet, aus Träumen zu erwachen. Hegels System ist ein intellektueller Traum, aus dem die Philosophie erwachen mußte, als sie erwachsen wurde.

Danksagung

Rolf-Peter Horstmann, Gerd Irrlitz und Udo Tietz danke ich für wichtige Hinweise und Anregungen, Ursula Rehs und Bettina Busse für ihre Mithilfe bei den Satzkorrekturen.

Anmerkungen

1 Dieser Ausspruch Hegels wird ohne Nachweis zitiert von: Ernst Bloch, Subjekt – Objekt. Erläuterungen zu Hegel, Berlin 1949/1952, S. 33.
2 G.W. Friedrich Hegel, Werke in zwanzig Bänden (Theorie Werkausgabe), Frankfurt/M. 1970, Band und Seitenzahl; sämtliche Hegel-Zitate sind dieser Ausgabe entnommen.
3 So der Titel eines einmal sehr verbreiteten Werkes eines Nobelpreisträgers: Rudolf Eucken, Die Lebensanschauungen der großen Denker, Leipzig 1890.
4 Vgl. Wilhelm Dilthey, Die Typologie der Weltanschauung und ihre Ausbildung in den metaphysischen Systemen (1911), in: ders., Gesammelte Schriften VIII, 2. Aufl., Göttingen 1960, S. 73 ff.
5 Immanuel Kant, Kritik der reinen Vernunft (KrV), B 864.
6 Vgl. ders., Prolegomena (Prol), A3.
7 Vgl. Hegels Berliner Antrittsrede (1818), in: TWA 10, 404.
8 Vgl. z.B. Karl R. Popper, Was ist Dialektik? (1940), jetzt in: Ernst Topitsch (Hg.), Logik der Sozialwissenschaften, Köln/Berlin 1965, S. 262 ff.
9 Vgl. Michael Theunissen, Sein und Schein. Die kritische Funktion der Hegelschen Logik, Frankfurt/M. 1980.
10 Vgl. auch Hegels Aufsatz: Wer denkt abstrakt? (1807), in: TWA 2, 575 ff.
11 Vgl. die Vorrede zur ersten Ausgabe der WL: 5, 13 ff.
12 Die wird deutlich, wenn man Hegels Charakterisierung der Dialektik mit der Schellings in dessen *Vorlesungen über die Methode des akademischen Studiums* (1803) vergleicht: vgl. ders., Studium generale. Vorlesungen über die Methode des akademischen Studiums, hrsg. von H. Glockner, Stuttgart 1954, insbes. S. 81 ff.
13 Wie z.B.: Richard Kroner, Von Kant bis Hegel, Tübingen 1921/24; Neuaufl. 1961. Für Kroner ist Hegel »der größte Irrationalist, den die Geschichte kennt« (Bd. II, VII), und Dialektik »der zur Methode, der rational gemachte Irrationalismus selbst« (II, 272).
14 Vgl. Immanuel Kant, KrV, B 75 f.

15 Vgl. Immanuel Kant, Von einem neuerdings erhobenen vornehmen Ton in der Philosophie (1796), in: ders., Werke in sechs Bänden, hrsg. von W. Weischedel, Bd. 2, Darmstadt 1961, S. 377 ff.; auch: Hegel, PhG, 3, 64 f.

16 Vgl. Günter Wohlfart, Der spekulative Satz, Berlin/New York 1981.

17 Vgl. Arend Kulenkampff, Antinomie und Dialektik. Zur Funktion des Widerspruchs in der Philosophie, Stuttgart 1970, 43 f.

18 Immanuel Kant, KrV, B 398.

19 Vgl. ebenda, B 452 ff.

20 Ebenda, B 456.

21 Vgl. ebenda, B 443 f.

22 Ebenda, B 453.

23 Vgl. Arend Kulenkampff, Antinomie und Dialektik, a.a.O., S. 65 f.

24 Immanuel Kant, Prolegomena (Prol), A 142.

25 Vgl. Dieter Henrich (Hg.), Stuttgarter Hegel-Kongreß 1981. Kant oder Hegel? Über Formen der Begründung in der Philosophie, Stuttgart 1983.

26 Johann Gottlieb Fichte, Erste Einleitung in die Wissenschaftslehre (1797), Hamburg 1954, S. 17.

27 Ebenda, S. 21. Erstaunlich ist, daß Fichte unterstellt, daß auch Kant, der doch den Begriff der Dinge an sich eingeführt hatte, in Wahrheit selbst schon einen Idealismus der sich ohne äußere Bedingungen selbst bestimmenden Intelligenz vertreten habe: »[...] daß die Kantische Philosophie keinen Dogmatismus, sondern einen transzendentalen Idealismus lehre, und daß nach ihr das Objekt weder ganz noch halb gegeben, sondern gemacht werde.« (Ebenda, S. 31) Fichte hat sich zeitlebens als der wahre Anwalt Kants verstanden, d.h. als derjenige, der nichts anderes als dessen Philosophie, wenn auch in anderem Gewande vertrete, und davon ließ er sich auch nicht dadurch abbringen, daß Kant selbst sich von der *Wissenschaftslehre* distanzierte: Vgl. Arsenij Gulyga, Immanuel Kant, Frankfurt/M. 1985, S. 298.

28 Johann Gottlieb Fichte, Erste Einleitung in die Wissenschaftslehre, a.a.O., S. 17 f.

29 Vgl. ders., Grundlage der gesamten Wissenschaftslehre (1794), Hamburg 1956, insbes. S. 44 ff.

30 Vgl. Friedrich Wilhelm Joseph Schelling, Ausgewählte Schriften, Bd. 1, Frankfurt/M. 1985, S. 11 ff. und 39 ff.

31 Zur Kritik dieses Modells vgl.: Ernst Tugendhat, Selbstbewußtsein und Selbstbestimmung, Frankfurt/M. 1979, S. 50 ff.

32 Vgl. Horst Althaus, Hegel und Die heroischen Jahre der Philosophie. Eine Biographie, München/Wien 1992, S. 45; auch: Charles Taylor, Hegel, Frankfurt/M. 1978, S. 83. In dieser Zeit bewohnen Hölderlin, Hegel und Schelling im Tübinger Stift dasselbe Zimmer: Vgl. Jochen Kirchhoff, Friedrich Wilhelm Joseph Schelling in Selbstzeugnissen und Bilddokumenten, Reinbek 1982, S. 17.

33 Spinoza erlebte eine Renaissance durch die Schrift Friedrich Heinrich Jacobis: *Über die Lehre des Spinoza, dargestellt in Briefen an Herrn Moses Mendelssohn* (1785), die auch im Tübinger Stift lebhaft diskutiert wurde; diese Publikation löste verbunden mit einer Bemerkung Jacobis, Lessing sei Anhänger des Spinoza, d.h. Pantheist gewesen, und er habe ihm selbst gegenüber das *hén kaì pân* als sein Motto genannt, den sehr lebhaften Pantheismusstreit aus, dessen Wirkung auf das intellektuelle Klima der Goethe-Zeit schwer überschätzt werden kann (vgl. Norbert Altwicker (Hg.), Texte zur Geschichte des Spinozismus, Darmstadt 1971, S. 37 ff.). Pantheismus – das war damals gleichbedeutend mit Atheismus, und der Pantheismusstreit entzündete sich daran, daß Mendelssohn glaubte, seinen Freund Lessing gegen den Vorwurf des Atheismus verteidigen zu müssen. Der Pantheismusvorwurf war auch der Grund, warum Fichte unter wenig erfreulichen Umständen 1799 seine Jenaer Professur verlor (vgl. Jochen Kirchhoff, Friedrich Wilhelm Joseph Schelling, a. a. O., S. 32). – Es ist anzunehmen, daß die Tübinger Stiftler Hölderlin, Schelling und Hegel das *hén kaì pân* aus Jacobis Veröffentlichung kannten.

34 Vgl. Norbert Altwicker (Hg.), Texte zur Geschichte des Spinozismus, a. a. O., S. 40 ff.

35 Dieter Henrich, Hegel und Hölderlin, in: ders., Hegel im Kontext, Frankfurt/M. 1971, S. 9 ff., insbes. 12 ff.; vgl. auch die Untersuchungen von: Manfred Baum, Die Entstehung der Hegelschen Dialektik, Bonn 1986; Panajotis Kondylis, Die Entstehung der Dialektik. Eine Analyse der geistigen Entwicklung von Hölderlin, Schelling und Hegel bis 1802, Stuttgart 1979.

36 Vgl. Dieter Henrich, Hegel und Hölderlin, a. a. O., S. 27.

37 Vgl. Das älteste Systemprogramm des deutschen Idealismus (1796/97) in: 1, 236; dieser Text ist zwar in Hegels Handschrift überliefert, aber

seine Autorschaft ist umstritten. »Mythologie der Vernunft« ist ein Projekt Hölderlins, das er in seinen Dichtungen zu realisieren suchte: Vgl. Uwe Beyer, Mythologie und Vernunft. Vier philosophische Studien zu Friedrich Hölderlin, Tübingen 1993.

38 Vgl. Dieter Henrich, Hegel und Hölderlin, a. a. O., S. 36.

39 Im folgenden zitiert nach der Eulenburg-Taschenpartitur von: Johann Sebastian Bach, Die Hohe Messe h-moll, XII f.

40 Vgl. Kurt Flasch, Augustinus. Einführung in sein Denken, 2. Aufl., Stuttgart 1994, insbes. S. 326 ff.

41 Philipper 2, 6 f.

42 2. Korinther 5, 19.

43 1. Korinther 1, 23.

44 Daß die Theologischen Jugendschriften eine »reaktionäre Legende« seien (vgl. Georg Lukács, Der junge Hegel und die Probleme der kapitalistischen Gesellschaft, Zürich 1948/Berlin 1954), hat sich inzwischen selbst als reaktionäre, d. h. stalinistische Legende herausgestellt: Hegel mußte eben unbedingt ein Junghegelianer und Marx-Vorläufer gewesen sein.

45 Deswegen vermag ich der These Dieter Henrichs nicht zuzustimmen, Hegel habe »seiner Restitution der christlichen Theologie ihre spekulative Sprache« geliefert (vgl. Dieter Henrich, Hegels Grundoperation. Eine Einleitung in die Wissenschaft der Logik, in: Ute Guzzoni (Hg.), Der Idealismus und seine Gegenwart. Festschrift für Werner Marx zum 65. Geburtstag, Hamburg 1976, S. 220); ich denke, es ist umgekehrt: Hegels spekulative Sprache ist ihrer Herkunft und ihrer Struktur nach theologisch.

46 Vgl. meine Berliner Antrittsvorlesung: Hegels Lehre von der Wahrheit, in: Deutsche Zeitschrift für Philosophie 41, 1993, S. 799 ff. Hegel sagt auch: »[...] die Lehre von der Wahrheit ist nur dies, Lehre von Gott zu sein.« (11, 49) Und: »[...] die Philosophie kann keinen anderen Endzweck haben, als Gott zu erkennen.« (11, 241)

47 »Gott ist tot« (17, 291) ist nicht erst ein Satz Nietzsches, sondern der Hegelschen *Religionsphilosophie*, freilich mit dem Zusatz, die Auferstehung sei der »Tod des Todes«. Hegel schreibt in diesem Zusammenhang: »›Gott selbst ist tot‹ heißt es in jenem lutherischen Liede« (17, 297), d. h. in dem Lied *O Traurigkeit, o Herzeleid* von Johann Rist (1607-1667), in der 1. Zeile der 2. Strophe, die aber sogar im Evangeli-

schen Kirchengesangbuch von 1951, das in der Regel auf die ursprünglichen Texte zurückgriff, abgeschwächt ist zu »Gotts Sohn liegt tot« (Lied Nr. 73). Aus demselben Gesangbuch kann man zum »Tod des Todes« zitieren: »Die Schrift hat verkündet das,/ wie ein Tod den andern fraß,/ ein Spott aus dem Tod ist worden.« (4. Strophe von *Christ lag in Todesbanden* von Martin Luther, Lied Nr. 76).

48 Vgl. Karl Marx, Das Kapital III, Berlin 1957, S. 867; Marx' »trinitarische Formel« betrifft freilich Kapital, Boden und Arbeit.

49 Immanuel Kant, KrV, B 884.

50 Vgl. Horst Althaus, Hegel und Die heroischen Jahre der Philosophie, S. 191 ff.

51 Vgl. die Einleitung von Johannes Hoffmeister in: PhG, VII ff.

52 Hegel versteht diesen Bildungsprozeß als die Wiederholung »wie im Schattenrisse« (3, 32) der »Arbeit der Weltgeschichte« (3, 34) durch das Bewußtsein.

53 Vgl. WL I, 5, 17. Vgl. auch: Hans Friedrich Fulda, Das Problem einer Einleitung in Hegels Wissenschaft der Logik, Frankfurt/M. 1965.

54 Immanuel Kant, KrV, B 25.

55 Vgl. »Zweite Stellung des Gedankens zur Objektivität«, in: 8, 106 ff.

56 Die Methodenschriften des Aristoteles sind unter dem Titel *Organon* überliefert (griech. *órganon* – Werkzeug).

57 Diese Metapher aus der Optik hat eine lange neuplatonische Vorgeschichte, an der auch das Neue Testament teilhat: »Wir sehen jetzt durch einen Spiegel in einem dunkeln Wort [griech. *aínigma* – Rätsel]; dann aber von Angesicht zu Angesicht.« (1. Korinther 13, 12 in Luthers Übersetzung)

58 Vgl. Immanuel Kant, KrV, B 883 f.

59 Konrad Cramer spricht hier von »Hegels Satz des Bewußtseins«, in: Konrad Cramer, Bemerkungen zu Hegels Begriff des Bewußtseins in der Einleitung zur Phänomenologie des Geistes, in: Rolf-Peter Horstmann (Hg.), Seminar: Dialektik in der Philosophie Hegels, Frankfurt/M. 1978, S. 367.

60 In diesem Sinne hat Hegel immer wieder die Kantische These von der Unerkennbarkeit des Dinges an sich als gedankenlos kritisiert. Vgl. dazu: S. 95 f.

61 Hier ist überzeugend, was Max Horkheimer in gepflegtem Schwäbisch zu sagen pflegte, daß man nämlich Hegel nur dann wirklich

verstehen könne, wenn man Schwäbisch versteht – »an sich« und »an und für sich« sind gutes Umgangsschwäbisch.

62 Solche Bestimmungen in dynamischer Funktion nennt Hegel auch »Momente«, wobei er sich eines Ausdrucks aus der klassischen Dynamik bedingt: »Drehmoment«.

63 Der Ausdruck bürgerte sich erst ein durch Eduard Zellers *Über Aufgabe und Bedeutung der Erkenntnistheorie* (1862).

64 In diesem Sinne verteidigt Hegel auch den fälschlicherweise Aristoteles zugeschriebenen Satz, den dann auch John Locke für sich in Anspruch nimmt: »Nihil est in intellectu, quod non fuerit in sensu (Nichts ist im Denken, was nicht in den Sinnen war)«, fügt ihm aber sogleich seine Umkehrung hinzu. Vgl. 8, 51 f.

65 Die Frage, ob dies die Position des Empirismus und Kants wirklich wiedergibt, muß hier unbeantwortet bleiben.

66 Vgl. George Herbert Mead, Geist, Identität und Gesellschaft, Frankfurt/M. 1973.

67 Vgl. Johann Gottlieb Fichte, Grundlage des Naturrechts, Erstes Hauptstück, § 4, in: ders., Ausgewählte Werke in sechs Bänden, hrsg. von F. Medicus, Bd. 2, Darmstadt 1962, S. 48 ff.

68 Vgl. Ludwig Siep, Anerkennung als Prinzip der praktischen Philosophie. Eine Untersuchung zu Hegels Jenaer Philosophie des Geistes, Freiburg/München 1979.

69 Vgl. Karl Marx / Friedrich Engels, Das kommunistische Manifest, in: dies., Die Frühschriften, hrsg. von S. Landshut, Stuttgart 1953, S. 525.

70 Der Begriff der Seele bei Aristoteles mag dafür als Vorbild gedient haben, der die Seele nicht wie Platon als eine vom Körper separate Substanz faßt, sondern als Art und Weise des Körpers, lebendig zu sein: Vgl. Aristoteles, Über die Seele (De anima), 412 a ff.

71 So ist auch der Ausdruck »Metaphysik der Sitten« bei Kant zu verstehen – als Gegenteil der »Metaphysik der Natur«.

72 Vgl. Wilhelm Perpeet, Art. »Kultur, Kulturphilosophie«, in: Historisches Wörterbuch der Philosophie, Bd. 4, Sp. 1309 ff.

73 Vgl. Karl Marx, Die Frühschriften, a. a. O., S. 12 ff.

74 Die hat Hegel seit den *Wissenschaftlichen Behandlungsarten des Naturrechts (WBN)* bis ins Spätwerk immer unverändert wiederholt: vgl. 2, 459 ff.; 7, 252 f.; 8, 138 f., sowie in den Vorlesungen zur Geschichte der Philosophie.

75 Vgl. dazu den Abschnitt »Zum Begriff des Geistes« in Kap. 5.

76 Erkenntnistheorie als Gesellschaftstheorie war noch ein Programm bei Adorno und beim frühen Habermas.

77 Vgl. Jean-Jacques Rousseau, Schriften zur Kulturkritik, hrsg. von K. Weigand, 2. Aufl., Hamburg 1971.

78 Vgl. Kap. 7.

79 Vgl. Joachim Ritter, Hegel und die französische Revolution, Frankfurt/M. 1965, S. 23. Zur Episode 1820 in Dresden vgl.: Horst Althaus, Hegel und Die heroischen Jahre der Philosophie, a. a. O., S. 322.

80 Gemeint ist eine Figur aus Goethes *Wilhelm Meisters Lehrjahre*.

81 Theodor W. Adorno, Drei Studien zu Hegel, Frankfurt/M. 1963, S. 107.

82 Karl Marx, Das Kapital I, Berlin 1959, S. 18.

83 Auch dies ist eine Hegelsche Figur: vgl. 3, 128 ff.

84 Leitend war dafür die Hegel-Deutung in Georg Lukács' *Geschichte und Klassenbewußtsein* (1923), die nachträglich durch die Veröffentlichung von Marx' Frühschriften (seit 1932) ihre volle Bestätigung zu finden schien.

85 Friedrich Engels, Anti-Dühring (1878), Berlin 1959, S. 173.

86 Das liest sich zuweilen so: »Blödsinn über das Absolute 68-69. Ich bin überhaupt bestrebt, Hegel materialistisch zu lesen. Hegel ist der auf den Kopf gestellte Materialismus (nach Engels) – das heißt, ich lasse den lieben Gott, das absolute, die reine Idee etc. zum größten Teile weg.« (Wladimir Iljitsch Lenin, Aus dem philosophischen Nachlaß, Berlin 1961, S. 20)

87 Wladimir Iljitsch Lenin, Philosophische Hefte (1914-20), in: ders., Gesammelte Werke, Bd. 38, Berlin 1964, S. 170.

88 Michael Theunissen, Sein und Schein. Die kritische Funktion der Hegelschen Logik, Frankfurt/M. 1980, S. 16.

89 Vgl. ebenda, S. 433 ff.; dazu auch Hans F. Fulda/Rolf P. Horstmann/Michael Theunissen (Hg.), Kritische Darstellung der Metaphysik. Eine Diskussion über Hegels »Logik«, Frankfurt/M. 1980.

90 Vgl. Pirmin Stekeler-Weithofer, Hegels analytische Philosophie. Die Wissenschaft der Logik als kritische Theorie der Bedeutung, Paderborn 1992; auch: Alexander Grau, Ein Kreis von Kreisen. Hegels Wissenschaft der Logik als eine Theorie der Bedeutung, Diss., Berlin 1998, wo eine stattliche Reihe »nichtmetaphysischer« Deutungsversuche der *WL* vorgestellt und kritisch erörtert wird.

91 Heraklit, Fragm. 1.
92 Vgl. Maximilian Forschner, Die stoische Ethik, Stuttgart 1981, insbes. S. 54 ff.
93 Aristoteles, Politik 1253a.
94 Eine in der 2. Ausgabe der *WL* gestrichene Stelle lautet: »Eine soeben erschienene neueste Bearbeitung dieser Wissenschaft, *System der Logik* von Fries [Heidelberg 1811], kehrt zu den anthropologischen Grundlagen zurück. Die Seichtigkeit der dabei zugrunde liegenden Vorstellung oder Meinung an und für sich und der Ausführungen überhebt mich der Mühe, irgendeine Rücksicht auf diese bedeutungslose Erscheinung zu nehmen.« (5, 47) Fries war gemeinsam mit Hegel 1805 in Jena zum Professor ernannt worden. Hegel sollte noch einmal in wenig rühmlicher Weise auf Fries zu sprechen kommen: in einer fast maßlosen Attacke in der Vorrede zu den *GPR* (1821) auf dessen Äußerungen als Sprecher der Burschenschaften auf dem Wartburgfest 1817, und zwar zu einem Zeitpunkt, als Fries wegen seiner politischen Aktivitäten bereits seine Professur verloren hatte. Vgl. Kap. 6.
95 Vgl. Ernst Tugendhat/Ursula Wolf, Logisch-semantische Propädeutik, Stuttgart 1983, S. 8 f.; dort werden neben der psychologischen noch die ontologische und die sprachliche Auffassung der Logik genannt.
96 Vgl. Joh. 1, 1 ff.
97 Vgl. Immanuel Kant, KrV, B 25.
98 Vgl. Kap. 2.
99 So vermeidet Hegel im Text der *WL* bei der Exposition des Seinsbegriffs zunächst die Subjekt-Prädikat-Form: »*Sein, reines Sein* – ohne alle weitere Bestimmung« (5, 82).
100 Der vollständige Titel der *Prolegomena* Kants lautet: *Prolegomena zu einer jeden künftigen Metaphysik, die als Metaphysik wird auftreten können.*
101 Vgl. Kap. 6.
102 Immanuel Kant, Metaphysische Anfangsgründe der Naturwissenschaft, A VIII f.
103 Vgl. Gerhard Hennemann, Naturphilosophie im 19. Jahrhundert, Freiburg/München 1959; Gernot Böhme (Hg.), Klassiker der Naturphilosophie, München 1989.

104 Dies nimmt sich aus wie eine Parodie von Kants »Der Verstand schreibt der Natur die Gesetze vor« (Prol A 113) – aber jetzt als absolute Vernunft und ohne die Einschränkung auf die Erscheinungen.
105 Auch dies wird ohne Nachweis von Ernst Bloch zitiert. Vgl. Ernst Bloch, Subjekt – Objekt, a.a.O., S. 359.
106 Vgl. Karl Michelet, Vorwort zum Band IX der ersten Gesamtausgabe der Werke Hegels (Jubiläums-Ausgabe von Hermann Glockner), der die Naturphilosophie enthält.
107 Vgl. Horst Althaus, Hegel und Die heroischen Jahre der Philosophie, a.a.O., S. 143.
108 Der Zusatztext bleibt weit unter dem begrifflichen Niveau des gedruckten Haupttextes: »Wir sind jetzt zum Begriff der Idee, mit welcher wir angefangen haben, zurückgekehrt. Zugleich ist diese Rückkehr zum Anfang ein Fortgang. Das, womit wir anfingen, war das Sein, das abstrakte Sein, und nunmehr haben wir die *Idee* als *Sein*; diese seiende Idee aber ist die *Natur*.« (8, 392) Die Idee als Sein wäre nur dann Natur, wenn sie nicht mehr Idee wäre, aber genau das ist mit der Bestimmung »seiende Idee« gerade ausgeschlossen.
109 Nizänisches Glaubensbekenntnis, a.a.O., S. XIV.
110 Vgl. Kurt Flasch, Augustinus, a.a.O.
111 Vgl. Hermann Drüe, Psychologie aus dem Begriff. Hegels Persönlichkeitstheorie, Berlin/New York 1976.
112 Vgl. Aristoteles, Zweite Analytiken (Analytica posteriora) 71 b 33.
113 Vgl. Herbert Schnädelbach, Kultur und Kulturkritik, in: ders., Zur Rehabilitierung des animal rationale, Frankfurt/M. 1992, S. 158 ff.
114 Vgl. Maximilian Forschner, Die stoische Ethik, a.a.O., S. 114 ff.
115 Vgl. Arnold Gehlen, Anthropologische und sozialpsychologische Untersuchungen, Reinbek 1986, S. 78.
116 Hegel notiert: »Das *Zeitungslesen* des Morgens früh ist eine Art von realistischem Morgensegen.« (2, 547)
117 Vgl. G.W.F. Hegel, Politische Schriften (Nachwort von Jürgen Habermas), Frankfurt/M. 1966.
118 Vgl. Karl-Heinz Ilting, Vorwort des Herausgebers, in: G.W.F. Hegel, Die Philosophie des Rechts. Vorlesungen über Rechtsphilosophie 1818-1831, Stuttgart-Bad Cannstatt 1974.
119 Vgl. Vittorio Hösle, Hegels System. Der Idealismus der Subjektivität und das Problem der Intersubjektivität, Hamburg 1988, S. 568.

120 Vgl. Karl-Heinz Ilting, Vorwort des Herausgebers, a.a.O., S. 87 f.

121 Dies stellte schon Eric Weil heraus, in: Hegel et l'État, Paris 1950; vgl. Karl-Heinz Ilting, Vorwort des Herausgebers, a.a.O., S. 94 ff.

122 Vgl. Karl-Heinz Ilting, Vorwort des Herausgebers, a.a.O., S. 30.

123 Vgl. Manfred Riedel (Hg.), Materialien zu Hegels Rechtsphilosophie, Bd. 1, Frankfurt/M. 1975, S. 209 ff. und 214 ff.

124 Vgl. ebenda, S. 249 ff. und 267 ff.

125 Vgl. Hans Michael Baumgartner/Harald Korten, Friedrich Wilhelm Joseph Schelling, München 1996, S. 24.

126 Vgl. Manfred Riedel (Hg.), Materialien zu Hegels Rechtsphilosophie, Bd. 1, a.a.O., S. 365 ff.

127 Vgl. Karl R. Popper, Die offene Gesellschaft und ihre Feinde (1950), Bd. 2, Falsche Propheten: Hegel, Marx und die Folgen, 2. Aufl., München 1970, insbes. S. 36 ff.: Hegel und der neue Mythos von der Horde [sic!]; auch: Ernst Topitsch, Die Sozialphilosophie Hegels als Heilslehre und Herrschaftsideologie, 2. Aufl., München 1981.

128 Vgl. Manfred Riedel (Hg.), Materialien zu Hegels Rechtsphilosophie, a.a.O., S. 47.

129 »Jedermann sei untertan der Obrigkeit, die Gewalt über ihn hat. Denn es ist keine Obrigkeit ohne von Gott; wo aber Obrigkeit ist, die ist von Gott verordnet.« (Römer 13, 1 in Luthers Übersetzung) Einschlägig ist hier auch die beständige Formel *Deo gratias* (von Gottes Gnaden) in der Bezeichnung der europäischen Fürstentitel.

130 Vgl. Karl-Heinz Ilting, Naturrecht und Sittlichkeit. Begriffsgeschichtliche Studien, Stuttgart 1983, insbes. S. 73 ff.

131 Vgl. Immanuel Kant, Grundlegung zur Metaphysik der Sitten (GMS), A 1 ff.

132 Noch Hegel kündigt in einem Brief das Erscheinen »seines« Naturrechts an, d.h. der *GPR*. Vgl. Manfred Riedel (Hg.), Materialien zu Hegels Rechtsphilosophie, Bd. 1, a.a.O., S. 15.

133 In seiner Schrift *Über den Gemeinspruch: Das mag in der Theorie richtig sein, taugt aber nicht für die Praxis* (1793) schließt Kant auch für den Fall, daß eine Regierung offensichtlich ungerechte Maßnahmen ergreift, ein jegliches Recht auf Rebellion oder Revolution ausdrücklich aus. Vgl. Immanuel Kant, a.a.O., A 250 ff.

134 Vgl. dazu Rudolf Haym, in: Manfred Riedel (Hg.), Materialien zu Hegels Rechtsphilosophie, Bd. 1, a.a.O., S. 380 f.

135 Marcus George Singer nennt Hegels Formalismuseinwand »fast unglaublich einfältig«. Vgl. Marcus George Singer, Verallgemeinerung in der Ethik. Zur Logik moralischen Argumentierens, Frankfurt/M. 1975, S. 291.

136 Vgl. Immanuel Kant, Metaphysik der Sitten, Tugendlehre, A III ff.

137 Vgl. Julius Ebbinghaus, Deutung und Mißdeutung des Kategorischen Imperativs, jetzt in: ders., Gesammelte Aufsätze, Vorträge und Reden, Darmstadt 1968, S. 80 ff.

138 Vgl. John Dewey, German philosophy and politics, 2. Aufl., New York 1944, S. 87 f.

139 Dieser Begriff ist leitend für Johann Gustav Droysens »Historik«, die einen bis in unser Jahrhundert anerkannten methodologischen Kanon der deutschen Historiker formuliert hatte: vgl. Grundriß der Historik, hrsg. von Rudolf Hübner, Darmstadt 1974, S. 384 ff.; Droysen hatte als Student Hegels Vorlesungen besucht.

140 Vgl. Siegfried Blasche, Natürliche Sittlichkeit und bürgerliche Gesellschaft. Hegels Konstruktion der Familie als sittliche Intimität im entsittlichten Leben, in: Manfred Riedel (Hg.), Materialien zu Hegels Rechtsphilosophie, Bd. 2, a.a.O., S. 312 ff.

141 Vgl. Manfred Riedel, Hegels Begriff der bürgerlichen Gesellschaft und das Problem seines geschichtlichen Ursprungs, in: ders. (Hg.), Materialien zu Hegels Rechtsphilosophie, Bd. 2, a.a.O., S. 247 ff.

142 Vgl. Adam Smith, The Wealth of Nations (1776), Bd. 1, London 1960, S. 400.

143 Vgl. Ernst Vollrath, Wie kann Hegels »Philosophie des Rechts« als Politische Philosophie gelesen werden?, in: Philosophische Rundschau 37, 1990, S. 27 ff.

144 Vgl. Immanuel Kant, Kritik der Urteilskraft § 28, B 106 f., wo der Krieg sogar »etwas Erhabenes an sich« haben soll.

145 »Die Weltgeschichte ist das Weltgericht« ist die letzte Zeile des Gedichts *Resignation* von Friedrich Schiller.

146 Vgl. Herbert Schnädelbach, Geschichtsphilosophie nach Hegel. Die Probleme des Historismus, Freiburg/München 1974, S. 34 ff.

147 Vgl. dazu auch: Vittorio Hösle, Hegels System, a.a.O., S. 417 ff.

148 Vgl. Immanuel Kant, GMS, B 113; dazu auch: Odo Marquard, Hegel und das Sollen, in: ders., Schwierigkeiten mit der Geschichtsphilosophie, Frankfurt/M. 1973, S. 37 ff.

149 2. Korinther 5, 19 f. (Luthers Übersetzung).

150 Hier spielt Hegel auf das Familienwappen Martin Luthers an, das eine Rose in einem Kreuz zeigt.

151 So der Titel von: Hans Freyer, Theorie des gegenwärtigen Zeitalters, Stuttgart 1955.

152 Vgl. Herbert Schnädelbach, Über historistische Aufklärung, in: ders., Vernunft und Geschichte. Vorträge und Abhandlungen, Frankfurt/M. 1987.

153 So der Titel der von Johannes Hoffmeister herausgegebenen Einleitung zu: Hegel, Vorlesungen über die Philosophie der Weltgeschichte, Hamburg 1955.

154 Hegels Dialektik von Endlichkeit und Unendlichkeit (vgl. 5, 139 ff.) ist ein semantisches Gedankenspiel, das uns auch dann, wenn wir es spielen, nicht über unsere Endlichkeit hinaushebt.

155 Vgl. Dieter Henrich (Hg.), Stuttgarter Hegel-Kongreß 1981. Kant oder Hegel?, a.a.O.

156 Vgl. Klaus Christian Köhnke, Entstehung und Aufstieg des Neukantianismus, Frankfurt/M. 1986; Herbert Schnädelbach, Unser neuer Neukantianismus, in: Reinhard Brandt/Franz Orlik (Hg.), Philosophisches Denken – politisches Wirken. Hermann-Cohen-Kolloquium, Marburg 1992, S. 204 ff.

157 Insofern gleicht Hegels holistisches Bewußtsein der Leibnizschen Monade ohne »Türen und Fenster«.

158 Vgl. dazu die *DS*, dort heißt es über das Absolute: »es ist das Ziel, das gesucht wird; es ist schon vorhanden – wie könnte es sonst gesucht werden?« (2, 24) Hegel variiert hier die Platonische Aporie des Suchens aus dem *Menon*, vgl. 80 d ff.

159 Nach Aristoteles ist die Kreisform die vollkommene Bewegung, weil in ihr Anfang und Ende zusammenfallen.

160 Dies hat bereits ein Vorbild in Kants skizzenhaftem Schlußkapitel der *KrV*: »Die Geschichte der reinen Vernunft«, vgl. B 880 ff.

161 Vgl. Herbert Schnädelbach, Kant – der Philosoph der Moderne, in: Gerhard Schönrich/Yasushi Kato (Hg.), Kant in der Diskussion der Moderne, Frankfurt/M. 1996, S. 11 ff.

162 Vgl. die Nachweise in TWA 20, 725.

163 Vgl. Artikel »Idealismus, deutscher« in: Historisches Wörterbuch der Philosophie, Bd. 4, Sp. 35 ff.; so bezeichnet Richard Kroner den

Geist »des deutschen Idealismus im weitesten Sinne [...] als den des deutschen idealistischen Wesens überhaupt« (ebenda).

164 Vgl. Hermann Lübbe, Politische Philosophie in Deutschland, Basel 1963/München 1974, insbes.: Vierter Teil. Die philosophischen Ideen von 1914, Idealismus als Weltanschauung, S. 176 ff.

165 Vgl. Johann Gottlieb Fichte, Zweite Einleitung in die Wissenschaftslehre, in: ders., Erste und Zweite Einleitung in die Wissenschaftslehre, Hamburg 1954, S. 44 ff.

166 Vgl. Max Weber, Wissenschaft als Beruf (1919), in: ders., Gesammelte Aufsätze zur Wissenschaftslehre, 4. Aufl., Tübingen 1973, S. 582 ff.

167 Vgl. Max Horkheimer, Die Aktualität Schopenhauers, in: ders., Gesammelte Schriften, hrsg. von Gunzelin Schmid Noerr, Bd. 7, Frankfurt/M. 1987, S. 122 ff.

168 Der Ausdruck »logozentrisch« stammt von: Ludwig Klages, Der Geist als Widersacher der Seele, in: ders., Werke I, München 1969, S. 374 und 590; er wird ohne Bezug auf Klages wieder verwandt von: Jacques Derrida, Grammatologie, Frankfurt/M. 1983, S. 11.

169 Vgl. Horst Althaus, Hegel und Die heroischen Jahre der Philosophie, a.a.O., S. 368 ff.

Literaturhinweise (Auswahl)

1. Siglenverzeichnis

DS Differenz des Fichteschen und Schellingschen Systems der Philosophie
EPW Enzyklopädie der philosophischen Wissenschaften
GPR Grundlinien der Philosophie des Rechts
PhG Phänomenologie des Geistes
WBN Über die wissenschaftlichen Behandlungsarten des Naturrechts, seine Stelle in der praktischen Philosophie und sein Verhältnis zu den positiven Rechtswissenschaften
WL Wissenschaft der Logik

2. Textausgaben der Hegelschen Werke

Werke in zwanzig Bänden, Theorie Werkausgabe, hrsg. von Eva Moldenhauer/Karl Markus Michel, Frankfurt/M. 1969-71.

Gesammelte Werke, Studienausgabe der historisch-kritischen Gesamtausgabe der Rheinisch-Westfälischen Akademie der Wissenschaften in Verbindung mit der Deutschen Forschungsgemeinschaft, Hamburg 1968 ff.

Enzyklopädie der philosophischen Wissenschaften im Grundrisse, hrsg. von Friedhelm Nicolin/Otto Pöggeler, 7., durchges. Aufl., Hamburg 1975.

Ästhetik, 2 Bde., hrsg. von Friedrich Bassenge, mit einem Essay von Georg Lukács, Frankfurt/M. 1955.

Verschiedene Einzelausgaben mit Einleitungen in der Universalbibliothek des Reclam Verlages Stuttgart/Leipzig.

Verschiedene Einzelausgaben mit Einleitungen des Felix Meiner Verlages Hamburg.

Politische Schriften, mit einem Nachwort von Jürgen Habermas, Frankfurt/M. 1966.
Briefe von und an Hegel, hrsg. von Johannes Hoffmeister, 4 Bde., 3. Aufl., Hamburg 1969/1971.
Johannes Hoffmeister (Hg.), Dokumente zu Hegels Entwicklung, 2. Aufl., Stuttgart 1974.
Hegels theologische Jugendschriften, hrsg. von Hermann Nohl, Tübingen 1907/Nachdruck Frankfurt/M. 1966.

3. Neuere Gesamtdarstellungen, Einführungen, Biographien

Althaus, Horst, Hegel und Die heroischen Jahre der Philosophie, München/Wien 1992.
Cruysbergh, Paul/de Vos, Lu/Jonkers, Peter (Hg.), Hegel-Lexikon, Darmstadt 2006.
Emundts, Dina/Horstmann, Rolf-Peter, G. W. F. Hegel. Eine Einführung, Stuttgart 2002.
Emundts, Dina, Erfahren und Erkennen: Hegels Theorie der Wirklichkeit, Frankfurt/M. 2012.
Fulda, Hans Friedrich, G.W.F. Hegel, München 2003.
Gulyga, Arseniy, Georg Wilhelm Friedrich Hegel, Frankfurt/M. 1974.
Helferich, Christoph, Georg Wilhelm Friedrich Hegel, Stuttgart 1979.
Horstmann, Rolf-Peter, Wahrheit aus dem Begriff. Eine Einführung in Hegel, Frankfurt/M. 1990.
Hösle, Vittorio, Hegels System. Der Idealismus der Subjektivität und das Problem der Intersubjektivität, 2 Bde., Hamburg 1988.
Jaeschke, Walter, Hegel-Handbuch: Leben – Werk – Schule, Stuttgart und Weimar 2003.
Ders. (Hg.), Hegel-Handbuch, 2. Auflage, Stuttgart 2010.
Ders., Hegels Philosophie, Hamburg 2019.
Litt, Theodor, Hegel. Versuch einer kritischen Erneuerung, Heidelberg 1953.
Moyar, Dean, Oxford Handbook of Hegel, Oxford/New York 2017.
Nicolin, Günter (Hg.), Hegel in Berichten seiner Zeitgenossen, Hamburg 1970.
Pinkard, Terry, Hegel. A Biography, Cambridge 2000.

Pöggeler, Otto (Hg.), Hegel. Einführung in seine Philosophie, Freiburg/München 1977.

Ders., G.W.F. Hegel: Philosophie als System, in: Josef Speck (Hg.), Grundprobleme der großen Philosophen, Philosophie der Neuzeit II, 3. Aufl., Göttingen 1988.

Schmitz, Hermann, Hegel als Denker der Individualität, Meisenheim 1957.

Schnädelbach, Herbert (Hg.), Hegels Philosophie. Kommentare zu den Hauptwerken, 3 Bde., Frankfurt/M. 2000/Darmstadt 2001.

Steinhauer, Kurt (Hg.), Hegel-Bibliographie, München/New York/London/Paris 1980.

Stekeler-Weithofer, Pirmin, Philosophie des Selbstbewußtseins: Hegels System als Formanalyse von Wissen und Autonomie, Frankfurt/M. 2005.

Taylor, Charles, Hegel, Frankfurt/M. 1983.

Vieweg, Klaus, Hegel: Der Philosoph der Freiheit. Biographie, München 2020.

Wiedmann, Franz, Georg Wilhelm Friedrich Hegel in Selbstzeugnissen und Bilddokumenten, Reinbek 1965.

4. Zu einzelnen Aspekten des Gesamtwerkes

Gadamer, Hans Georg, Hegels Dialektik. Fünf hermeneutische Studien, Tübingen 1971.

Henrich, Dieter, Hegel im Kontext, Frankfurt/M. 1971.

Horstmann, Rolf-Peter (Hg.), Seminar: Dialektik in der Philosophie Hegels, Frankfurt/M. 1978.

Lucas, Hans Ch./Planty-Bonjour, Guy (Hg.), Logik und Geschichte in Hegels System, Stuttgart-Bad Cannstatt 1989.

Naeher, Jürgen, Einführung in die Idealistische Dialektik Hegels, Opladen 1981.

Puntel, Lorenz B., Darstellung, Methode und Struktur. Untersuchungen zur Einheit der systematischen Philosophie G.W.F. Hegels, Bonn 1973.

Quante, Michael, Die Wirklichkeit des Geistes. Studien zu Hegel, Frankfurt/M. 2011.

Riedel, Manfred (Hg.), Hegel und die antike Dialektik, Frankfurt/M. 1990.

Röttges, Heinz, Der Begriff der Methode in der Philosophie Hegels, Meisenheim 1976.
Wohlfart, Günter, Der spekulative Satz. Bemerkungen zum Begriff der Spekulation bei Hegel, Berlin/New York 1981.
Wolff, Michael, Der Begriff des Widerspruchs. Eine Studie zur Dialektik Kants und Hegels, Meisenheim 1981.

5. Zu einzelnen Werken und Systemteilen (nur Monographien und Sammlungen)

a) Das Frühwerk

Baum, Manfred, Die Entstehung der Hegelschen Dialektik, Bonn 1986.
Kondylis, Panajotis, Die Entstehung der Dialektik. Eine Analyse der geistigen Entwicklung von Hölderlin, Schelling und Hegel bis 1802, Stuttgart 1979.
Rohrmoser, Günter, Subjektivität und Verdinglichung. Theologie und Gesellschaft im Denken des jungen Hegel, Gütersloh 1961.

b) Jenaer Schriften

Kimmerle, Heinz, Das Problem der Abgeschlossenheit des Denkens. Hegels »System der Philosophie« in den Jahren 1800-1804, Bonn 1970.
Siep, Ludwig, Anerkennung als Prinzip der praktischen Philosophie. Untersuchungen zu Hegels Jenaer Philosophie des Geistes, Freiburg/München 1979.

c) Phänomenologie des Geistes

Bertram, Georg W., Hegels »Phänomenologie des Geistes«: Ein systematischer Kommentar, Stuttgart 2017.
Brandom, R., A Spirit of Trust: A Reading of Hegel's Phenomenology, Cambridge 2019.
Fulda, Hans F./Henrich, Dieter (Hg.), Materialien zu Hegels »Phänomenologie des Geistes«, Frankfurt/M. 1973.
Gerten, Michael (Hg.), Hegel und die Phänomenologie des Geistes, Würzburg 2010.
Hansen, Frank-Peter, Georg W.F. Hegel: »Phänomenologie des Geistes«. Ein einführender Kommentar, Paderborn 1994.

Heidegger, Martin, Hegels Phänomenologie des Geistes (Wintersemester 1930/31), Gesamtausgabe 2. Abt. Bd. 32, Frankfurt/M. 1997.
Kähler, Klaus E./Marx, Werner (Hg.), Die Vernunft in Hegels Phänomenologie des Geistes, Frankfurt/M. 1992.
Koch, Anton/Schick, Friedrike, G. W. F. Hegel: Wissenschaft der Logik (Klassiker Auslegen, Band 27), Berlin 2002.
Köhler, Dietmar/Pöggeler, Otto (Hg.), G.W.F. Hegel: Phänomenologie des Geistes (Klassiker auslegen, Bd. 16), Berlin 1998.
Marx, Werner, Hegels Phänomenologie des Geistes. Die Bestimmung ihrer Idee in »Vorrede« und »Einleitung«, Frankfurt/M. 1971.
Pöggeler, Otto, Hegels Idee einer Phänomenologie des Geistes, Freiburg/München 1973.
Scheier, Claus A., Analytischer Kommentar zu Hegels Phänomenologie des Geistes, Freiburg/München 1980.
Siep, Ludwig, Der Weg der Phänomenologie des Geistes. Ein einführender Kommentar zu Hegels »Differenzschrift« und »Phänomenologie des Geistes« (=Schnädelbach, Herbert (Hg.), Hegels Philosophie. Kommentare zu den Hauptwerken, Bd. 1), Frankfurt/M. 2000.
Stekeler-Weithofer, Pirmin, Hegels Phänomenologie des Geistes. Ein dialogischer Kommentar. Band 1: Gewissheit und Vernunft; Band 2: Geist und Religion, Hamburg 2014.

d) Wissenschaft der Logik

Brinkmann, K., Hegels Logik, Berlin 2010.
Eley, Lothar, Hegels Wissenschaft der Logik. Leitfaden und Kommentar, München 1976.
Fink-Eitel, Hinrich, Dialektik und Sozialethik. Kommentierende Untersuchungen zu Hegels »Logik«, Meisenheim 1978.
Fulda, Hans F., Das Problem einer Einleitung in Hegels Wissenschaft der Logik, Frankfurt/M. 1965.
Hackenesch, Christa, Die Logik der Andersheit. Eine Untersuchung zu Hegels Begriff der Reflexion, Frankfurt/M. 1987.
Krohn, Wolfgang, Die formale Logik in Hegels »Wissenschaft der Logik«, München 1972.
Lakebrink, Bernhard, Kommentar zu Hegels »Logik« in seiner »Enzyklopädie« von 1830, 2 Bde., Freiburg/München 1979-85.

Quante, Michael/Mooren, Nadine (Hg.), Kommentar zu Hegels Wissenschaft der Logik (Hegel-Studien, Beihefte), Hamburg 2020.

Schmitz, Hermann. Hegels Logik, Bonn 1992.

Stekeler-Weithofer, Pirmin, Hegels Wissenschaft der Logik. Ein dialogischer Kommentar, Band 1: Die objektive Logik. Die Lehre vom Sein. Qualitative Kontraste, Mengen und Maße, Hamburg 2019.

Theunissen, Michael, Sein und Schein. Die kritische Funktion der Hegelschen Logik, Frankfurt/M. 1980.

e) Enzyklopädie der philosophischen Wissenschaften

Drüe, Hermann, u.a., Hegels »Enzyklopädie der philosophischen Wissenschaften« (1830). Ein Kommentar zum Systemgrundriß (=Schnädelbach, Herbert (Hg.), Hegels Philosophie. Kommentare zu den Hauptwerken, Bd. 3), Frankfurt/M. 2000.

Naturphilosophie

Breidbach, Otto, Das Organische in Hegels Denken. Studie zur Naturphilosophie und Biologie um 1800, Würzburg 1982.

Engelhardt, Dietrich von, Hegel und die Chemie. Studie zur Philosophie und Wissenschaft der Natur um 1800, Wiesbaden 1976.

Horstmann, Rolf P./Petry, Michael J. (Hg.), Hegels Philosophie der Natur. Beziehungen zwischen empirischer und spekulativer Naturerkenntnis, Stuttgart-Bad Cannstatt 1986.

Kimmerle, Heinz, Georg Wilhelm Friedrich Hegel, in: Gernot Böhme (Hg.), Klassiker der Naturphilosophie. Von den Vorsokratikern bis zur Kopenhagener Schule, München 1989, S. 263 ff.

Neuser, Wolfgang, Naturwissenschaft und Methode in Hegels Naturphilosophie, Würzburg 2009.

Wandschneider, Dieter, Raum, Zeit, Relativität. Grundbestimmungen der Physik in der Hegelschen Naturphilosophie, Frankfurt/M. 1982.

Philosophie des subjektiven Geistes

Bodammer, Theodor, Hegels Deutung der Sprache, Hamburg 1969.

Drüe, Hermann, Psychologie aus dem Begriff. Hegels Persönlichkeitstheorie, Berlin/New York 1976.
Fetscher, Iring, Hegels Lehre vom Menschen. Kommentar zu den §§ 387 bis 482 der Enzyklopädie der philosophischen Wissenschaften, Stuttgart-Bad Cannstatt 1970.

Praktische Philosophie

Angehrn, Emil, Freiheit und System bei Hegel, Berlin/New York 1977.
Arndt, Andreas/Zovko, Jure (Hg.), Staat und Kultur bei Hegel, Berlin 2010.
Avineri, Shlomo, Hegels Theorie des modernen Staates, Frankfurt/M. 1976.
Henrich, Dieter/Horstmann, Rolf P. (Hg.), Hegels Philosophie des Rechts, Stuttgart 1982.
Honneth, Axel, Leiden an Unbestimmtheit. Eine Reaktualisierung der Hegelschen Rechtsphilosophie, Stuttgart 2001.
Jermann, Christian (Hg.) Anspruch und Leistung von Hegels »Rechtsphilosophie«, Stuttgart-Bad Cannstatt 1987.
Marcuse, Herbert, Vernunft und Revolution. Hegel und die Entstehung der Gesellschaftstheorie, Neuwied/Berlin 1962.
Menke, Christoph, Autonomie und Befreiung: Studien zu Hegel, Frankfurt/M. 2018.
Ottmann, Henning, Individuum und Gemeinschaft bei Hegel, Bd. 1: Hegel im Spiegel der Interpretationen, München/Salzburg 1973.
Quante, Michael, Hegels Begriff der Handlung, Stuttgart-Bad Cannstatt 1993.
Pippin, Robert B., Hegel's Practical Philosophy: Rational Agency as Ethical Life, Cambridge 2008.
Riedel, Manfred (Hg.), Materialien zu Hegels Rechtsphilosophie, 2 Bde., Frankfurt/M. 1975.
Ders., Studien zu Hegels Rechtsphilosophie, Frankfurt/M. 1969.
Ders., Theorie und Praxis im Denken Hegels, Stuttgart 1965.
Ritter, Joachim, Hegel und die französische Revolution, Frankfurt/M. 1965.
Rosenzweig, Franz, Hegel und der Staat, 2 Bde., München/Berlin 1920.
Schnädelbach, Herbert, Hegels praktische Philosophie. Ein Kommentar der Texte in der Reihenfolge ihrer Entstehung (=Schnädelbach, Herbert

(Hg.), Hegels Philosophie. Kommentare zu den Hauptwerken, Bd. 2), Frankfurt/M. 2000.
Siep, Ludwig, Aktualität und Grenzen der praktischen Philosophie Hegels. Aufsätze 1997-2009, München 2010.
Ders. (Hg.), G.W.F. Hegel. Grundlinien der Philosophie des Rechts (Klassiker auslegen, Bd. 9), Berlin 1997.
Ders., Praktische Philosophie im Deutschen Idealismus, Frankfurt/M. 1992.
Stekeler-Weithofer, Pirmin, Hegels Grundlinien der Philosophie des Rechts. Ein dialogischer Kommentar, Hamburg 2020.
Wildt, Andreas, Autonomie und Anerkennung. Hegels Moralitätskritik im Lichte seiner Fichte-Rezeption, Stuttgart 1982.

Philosophie des absoluten Geistes:
Ästhetik, Religionsphilosophie, Philosophiegeschichte

Düsing, Klaus, Hegel und die Geschichte der Philosophie, Darmstadt 1983.
Gethmann-Siefert, Annemarie, Die Funktion der Kunst in der Geschichte. Untersuchungen zu Hegels Ästhetik, Bonn 1984.
Dies., Einführung in Hegels Ästhetik, Paderborn/München/Wien/Zürich 2005.
Jäschke, Walter, Die Religionsphilosophie Hegels, Darmstadt 1983.
Maurer, Reinhart, Hegel und das Ende der Geschichte, 2. Aufl., Freiburg/München 1980.
Mooren, Nadine, Hegel und die Religion. Eine Untersuchung zum Verhältnis von Religion, Philosophie und Theologie in Hegels System, Hamburg 2018.
Pippin, Robert B., Kunst als Philosophie: Hegel und die moderne Bildkunst, Frankfurt/M. 2012.
Pöggeler, Otto, Hegels Kritik der Romantik, Bonn 1956.
Quante, Michael, Die Wirklichkeit des Geistes: Studien zu Hegel, Frankfurt/M. 2011.
Sandkaulen, Birgit (Hg.), G. W. F. Hegel: Vorlesungen über die Ästhetik (Klassiker Auslegen, Band 40), Berlin 2018.
Splett, Jürgen, Die Trinitätslehre G.W.F. Hegels, Freiburg/München 1965.

Theunissen, Michael, Hegels Lehre vom absoluten Geist als theologisch-politischer Traktat, Berlin 1970.

6. Wirkung und Aktualität Hegels

Adorno, Theodor W., Drei Studien zu Hegel, Frankfurt/M. 1963.
Collmer, Thomas, Aktuelle Perspektiven einer immanenten Hegel-Kritik, Gießen 1992.
Demmerling, Christoph/Kambartel, Friedrich (Hg.), Vernunftkritik nach Hegel. Analytisch-kritische Interpretationen zur Dialektik, Frankfurt/M. 1992.
Halbig, Christoph/Quante, Michael/Siep, Ludwig (Hg.), Hegels Erbe, Frankfurt/M. 2004.
Kaltenbrunner, Gert-Klaus (Hg.), Hegel und die Folgen, Freiburg/München 1970.
Koslowski, Peter (Hg.), Die Folgen des Hegelianismus. Spekulative Philosophie, Religion und Politik im Abschied von der Moderne, München 1998.
Löwith, Karl, Von Hegel zu Nietzsche. Der revolutionäre Bruch im Denken des neunzehnten Jahrhunderts, 4. Aufl., Zürich 1958.
Negt, Oskar (Hg.), Aktualität und Folgen der Philosophie Hegels, Frankfurt/M. 1970.
Pippin, Robert B., After the Beautiful – Hegel and the philosophy of Pictorial Modernism, Chicago 2014.
Schnädelbach, Herbert, Hegels Erben (Rezension zu Halbig/Quante/Siep (Hg.), Hegels Erbe, Frankfurt/M. 2004), in: Deutsche Zeitschrift für Philosophie 54 (2006), S. 801-816.
Welsch, Wolfgang/Vieweg, Klaus (Hg.), Das Interesse des Denkens. Hegel aus heutiger Sicht, München 2003.

Zeittafel

1770 Georg Wilhelm Friedrich Hegel wird am 27. August in Stuttgart geboren.

1773 Erster Schulbesuch, ab 1775 Lateinschule, 1780 Gymnasium Illustre.

1784 Tod der Mutter.

1788 Maturum (Abitur) und Eintritt in das Tübinger Stift als Stipendiat, Studium der Philosophie und Theologie an der Universität.

1790 Freundschaft mit Schelling und Hölderlin, mit denen Hegel dasselbe Zimmer bewohnt.

1793 Konsistorialexamen und Hauslehrerstelle in Bern.

1797 Hauslehrerstelle in Frankfurt/M.; enge Kontakte mit Hölderlin.

1799 Tod des Vaters; die Erbschaft ermöglicht Hegel die akademische Laufbahn.

1801 Auf Vermittlung Schellings Habilitation in Jena; die *Differenzschrift* erscheint als erste Publikation Hegels.

1802 Gemeinsam mit Schelling Herausgabe des *Kritischen Journals der Philosophie*; darin mehrere große Aufsätze Hegels.

1805 Ernennung zum außerordentlichen Professor in Jena.

1806 Nach der Schlacht bei Jena und Auerstedt verläßt Hegel Jena; Beginn der Drucklegung der *Phänomenologie des Geistes*, die 1807 in Bamberg erscheint.

1807 Redakteur der *Bamberger Zeitung*.

1808 Professor und Rektor am Ägidiengymnasium in Nürnberg.

1811 Heirat mit Marie von Tucher aus Nürnberg.

1812 Die *Wissenschaft der Logik* erscheint, der zweite Band erst 1816.

1816 Berufung nach Heidelberg.

1817 Erste Ausgabe der *Enzyklopädie der philosophischen Wissenschaften*.

1818 Berufung nach Berlin als Fichtes Nachfolger.

1821 Die *Grundlinien der Philosophie des Rechts* erscheinen.

1827/30 Hegels außerordentliche Lehrerfolge erfordern Neuausgaben der *Enzyklopädie der philosophischen Wissenschaften*.

1831 Am 18. November stirbt Hegel nach kurzer Krankheit, die der Totenschein mit der damaligen Choleraepidemie in Berlin in Zusammenhang bringt; Hegel wird neben Fichte auf dem Dorotheenstädtischen Friedhof beigesetzt.

Herbert Schnädelbach, geb. 1936, ist Professor emeritus für Philosophie an der Humboldt-Universität zu Berlin.
Veröffentlichungen u.a.: Erfahrung, Begründung und Reflexion. Versuch über den Positivismus (1971); Geschichtsphilosophie nach Hegel. Die Probleme des Historismus (1974); Reflexion und Diskurs. Fragen einer Logik der Philosophie (1977); Philosophie in Deutschland 1831-1933 (1983); Vernunft und Geschichte. Vorträge und Abhandlungen (1987); Zur Rehabilitierung des »animal rationale«. Vorträge und Abhandlungen 2 (1992); Philosophie in der modernen Kultur. Vorträge und Abhandlungen 3 (2000); Erkenntnistheorie zur Einführung (2002); Philosophie. Ein Grundkurs (Hg., gemeinsam mit E. Martens; 7. Aufl. 2003); Analytische und postanalytische Philosophie. Vorträge und Abhandlungen 4 (2004); Kant. Grundwissen Philosophie (2005); Vernunft. Grundwissen Philosophie (2007); Religion in der modernen Welt (2009); (Hg. gemeinsam mit Geert Keil/Heiner Hastedt), Was können wir wissen, was sollen wir tun? Zwölf philosophische Antworten (2009).